山岡鐵舟、官軍大総督府と交渉し、江戸無血開城に道を開く

一八六八年撮影（写真提供／毎日新聞社）

全生庵

山岡鐵舟居士の墓

開基鐵舟居士肖像

達磨の図　廓然無聖

竹の大字

幕末三舟の書

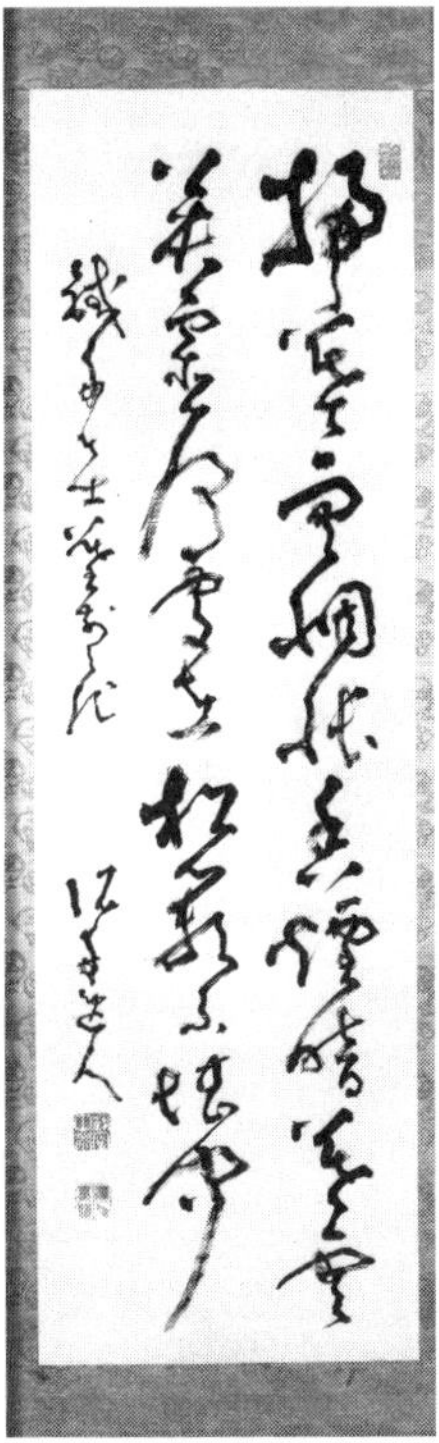

高橋泥舟書

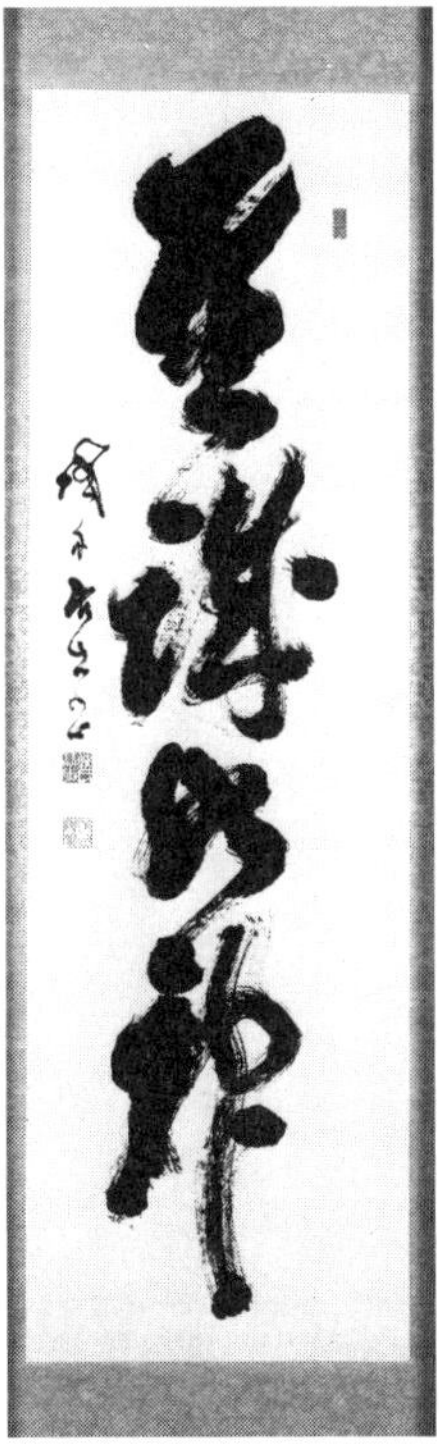

山岡鐵舟書

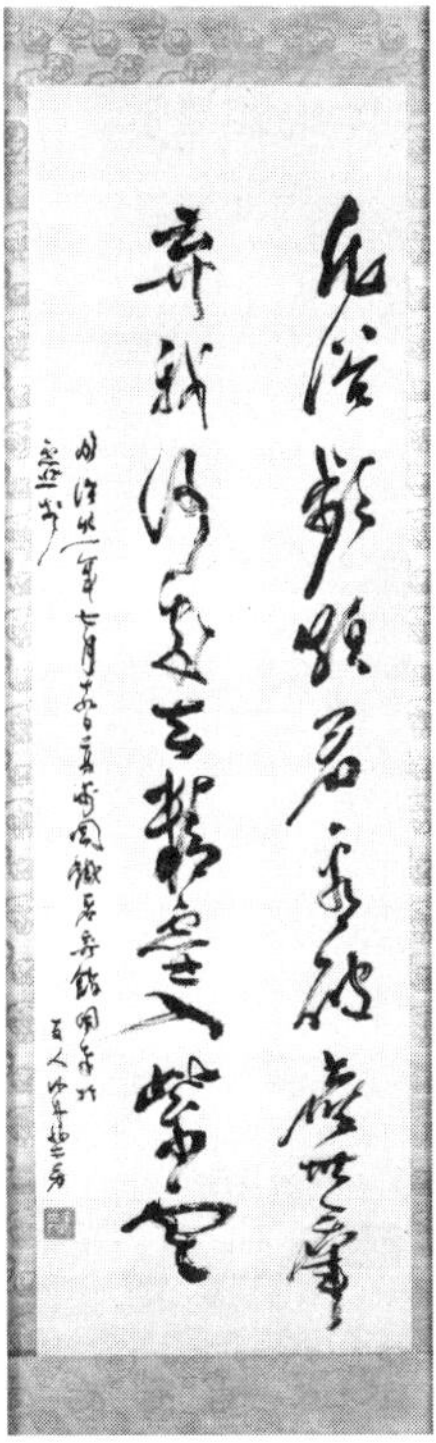

勝海舟書

山岡鐵舟居士賛（熾仁親王篆額　鵜飼徹定撰　勝海舟書）

武弁の家に生れ　撃剣の術を傳ふ　愛國の心深く　勤王の志悉す　官に居て黽勉友と交りて篤實　死を甘んじて難を解き陣に臨んで慄る無し　撥乱反正帝室を輔翼す餘勇禪を學び　機鋒超軼雄談活論　維摩詰に似たり伽藍を建立す　三寶の統帥刃に游んで綽然　雲烟筆を揮ふ　蔵経を謄写し　字々漆の如し　四恩に報答し千鎰を擲弃す　張旭嘗て言ふ　剣を舞はす電疾　一呼一吸　鬼没神出と
書剣禪法　妙處撥一なり　嗚乎居士　何等の才質ぞ　文武兼通じ　精衷日を貫く

最後のサムライ 山岡鐵舟

教育評論社

まえがき

全生庵《ぜんしょうあん》は明治十六（一八八三）年に山岡鐵舟居士《やまおかてっしゅうこじ》が富山県高岡の国泰寺《こくたいじ》より越叟《えっそう》禅師を迎え、幕末、明治維新の際にこの国のために命を落とした英霊達の菩提を弔い、また何事にも西欧化をすすめようとする明治政府に対して日本人としての伝統的な精神を伝えるために建立された寺であります。

居士は勝海舟《かつかいしゅう》、高橋泥舟《でいしゅう》とともに幕末三舟のひとりとして、また江戸無血開城の立役者、明治天皇の侍従《じじゅう》、剣・禅・書の達人として世に知られています。しかし、残念ながらその実像、実際の働きについては本人が書き残したものはほとんどないため、不明な事も多く、従って諸説入り交じる点も少なくありません。

居士は明治二十一（一八八八）年にその生涯を閉じましたが、没後、種々の遺品、資料等が山岡家より当庵に寄贈され、その資料をもとに、大正七

（一九一八）年、当庵三世牧田《ぼくでん》和尚が二十年にわたり心血をそそいで正確を期し、居士正伝の資料として『鐵舟居士乃真面目《しんめんもく》』を公刊いたしました。さらに六世玄恭和尚がこれを再版し以来版を重ねること八版、居士の言行についていたずらに神格化することなく、多くの人々にその実像を伝える一助となってまいりました。

しかしながら当時としては読みやすかったであろう、文体、ふりがな、印刷等も時代を経て現代の私たちにはいささか読みにくいものとなってまいりました。

昨今、もう少し読みやすいものを、という要望も多くよせられるようになったため、本年居士百二十年忌を迎えるにあたり、より多くの方々に居士の精神に触れていただきたく、『鐵舟居士乃真面目』の現代語訳を出版することにいたしました。

この本の編集にあたり、時代背景、居士周辺の人々について多少の加筆をいたしましたが、『真面目』に所収の「鐵舟居士言行一班」を始めとする文章については、できる限り忠実を期した現代語訳といたしました。

居士の一生を貫く精神は、あの西郷隆盛《さいごうたかもり》をして「命もいらぬ、名もいらぬ、金もいらぬ、なんとも始末に困る人」と言わしめた通り、いついかなる立場においても、自分のなすべきことをしっかりと見つめ、私心をもたず全生命をもってことにあたる、ということに尽きると思います。

今、「美しい国づくり」ということが叫ばれていますが、具体的にどうしていくことが「美しい国づくり」につながるのかは示されぬままです。あまつさえ、現実新聞紙上を騒がせている事件はその言葉とはかけはなれたものばかりです。

「美しい」とはいったいどのようなものでしょうか。それは人心の美しさであり、身の処し方の潔さではないでしょうか。

鐵舟居士も決して完璧な人間ではありませんが、その一生を見るに、そこには今まさに私たちが学ぶべきものがあると思うのです。

この一冊が居士をより深く知る一助となり、また皆様の生き方の指針となることを心より願っております。

最後にこの出版にあたり企画からご尽力を賜った松本兼二氏に深甚なる御礼を申し上げます。

平成十九年　七月十九日

全生庵七世

平井正修

目次

まえがき……10

第一章 ボロ鐵……19

出会いの光芒❶ 高橋泥舟 33

第二章 維新前後……37

出会いの光芒❷ 清水次郎長 48

鐵舟アーカイブズ❶

慶應戊辰三月駿府大總督府ニ於テ西郷隆盛氏ト談判筆記

原文 53 現代語訳 61

慶應戊辰四月東叡山に屯集する彰義隊及諸隊を解散せしむべき上使として赴むき覺王院と論議の記
原文 72　現代語訳 79

第三章 宮仕え …… 91
出会いの光芒❸ 明治天皇 101
鐵舟アーカイブズ❷
鐵舟居士遺物護皇　洋刀記
原文 104　現代語訳 106

第四章 剣と禅 …… 109
鐵舟アーカイブズ❸
劍術の流名を無刀流と稱する譯書
原文 120　現代語訳 121

無刀流剣術大意
原文・現代語訳 123
門人に示す
原文 124 現代語訳 125
竹刀長短の是非を辨ず
原文 126 現代語訳 127
大工鉋の秘術
原文 128 現代語訳 130

第五章 周囲の人々 …… 133
出会いの光芒❹ 三遊亭圓朝 164

第六章 功名無用 …… 169
出会いの光芒❺ 西郷隆盛 182

第七章 春風自在……187
鐵舟アーカイブズ❹
詩歌抄 199

第八章 サムライの最期……203
出会いの光芒❻ 勝海舟 216
鐵舟アーカイブズ❺
全生庵扁額記
原文 220 現代語訳 222
全生庵本尊葵正觀世音由緒
原文 225 現代語訳 226

年表……227

凡例

本書は、大正七年発行の初版に「拾遺」を増補する形で昭和三十七年に再版した、圓山牧田の編集になる『鐵舟居士乃真面目』を原テキストに、新たな編集の手を加えたものである。

一、『鐵舟居士乃真面目』所収の「鐵舟居士言行一班」については、現代語に直したうえで、そのほとんどを収録した。

・現代語に直すにあたっては、原テキストで付されていた敬称を略し、表現もそれに沿うものとした。

・収録にあたっては、「鐵舟居士言行一班」全体を内容のうえから八つに分けて章立てし、各章に前説を付した。

・読みやすさを考慮して原テキストにはなかった改行を適宜施した。また、適宜小見出しを立て、註を付した。

・「鐵舟居士言行一班」において引用されている山岡鐵舟の漢詩や文言については原テキストのままとしたが、新字体のある漢字については原則的に新字体に改めた。

一、『鐵舟居士乃真面目』所収の「鐵舟居士遺稿」については、「劍術の流名を無刀流と稱する譯書」「無刀流劍術大意」「門人に示す」「竹刀長短の是非を辨ず」「大工鉋の秘術」を剣術論抄として、短歌や俳句は「詩歌抄」として、「鐵舟アーカイブズ」に原テキストのまま収め、前者については現代語訳を付した。ただし、いずれも新字体の漢字に改めた箇所がある。

一、『鐵舟居士乃真面目』所収の「慶應戊辰三月駿府大總督府ニ於テ西郷隆盛氏ト談判筆記」「慶應戊辰四月東叡山に屯集する彰義隊及諸隊を解散せしむべき上使として赴むき覺王院と論議の記」「鐵舟居士遺物護皇洋刀記」「全生庵扁額記」「全生庵本尊葵正觀世音由緒」を、いずれも原テキストのまま「鐵舟アーカイブズ」に収め、それぞれに現代語訳を付した。ただし、新字体の漢字に改めた箇所がある。

第一章

ボロ鐵

主として少年期から青年期に至る時期の山岡鐵舟《やまおかてっしゅう》の言行をまとめて第一章とした。

山岡鐵舟は、天保七（一八三六）年六月十日、当時御蔵《おくら》奉行の任にあった小野《おの》朝《ちょう》右《え》衛門《もん》高福《たかよし》の四男として江戸の本所に生まれている。名は高歩《たかゆき》、通称鐵太郎《てつたろう》。母の磯《いそ》は、常陸国《ひたちのくに》鹿島《かしま》神宮《じんぐう》の社人《しゃじん》塚原《つかはら》石見《いわみ》の二女で、高福の三番目の妻であるが、磯としては鐵舟が最初の子である。幼少期を江戸で過ごした鐵舟は、弘化元（一八四四）年、九歳の時に真影流《しんかげりゅう》久須美《くすみ》閑適斎《かんてきさい》について剣術を学び始めるが、翌弘化二（一八四五）年に父高福が飛驒高山へ郡代として赴任することとなり、生活の舞台を飛驒高山の地に移すこととなる。ここで、岩佐《いわさ》一亭《いってい》について書道を学び、父が招いた井上清虎《いのうえきよとら》から北辰一刀流を学ぶ。飛驒高山には嘉永五（一八五二）年に父の高福が亡くなるまでいるのであるが、本章は、この飛驒高山時代のエピソードに始まり、江戸へ戻ってからの「ボロ鐵《てつ》」の日々、剣術に明け暮れた青春、山岡静山《せいざん》との出会いと別れ、山岡家へ入ったいきさつなどを収め、少年期から青年期に至る鐵舟の姿を伝えるものとなっている。

◉鐵太郎、飛騨高山に過ごす

鐵舟が十一歳の時のこと。父の小野高福は飛騨高山の郡代であり、当地の宗猷寺《そうゆうじ》の和尚とは親しい間柄であったが、ある日のこと、鐵舟が一人で宗猷寺に遊びに行き、鐘楼《しょうろう》の前に立ってもの珍しげに大鐘を眺めていたので、和尚は後ろから「鐵さん、鐵さん、その鐘が欲しければあげましょう。持って行きなさい」と声をかけた。

すると鐵舟は振り返り、「ありがとう」と言って一礼すると、そのまま飛んで帰って、父に、「宗猷寺の大鐘をもらいました」と報告した。

父は微笑しつつ、「では取って来なさい」と言う。鐵舟は小躍りして喜び、早速、出入りの若者たちを引き連れて宗猷寺へと引き返し、大鐘をおろそうとしたので、和尚が驚いて出て来た。和尚はさっきの言葉は冗談であったと何度も謝ったが、鐵舟は全くもって聞き入れない。

和尚は困り果ててしまい、とうとう父高福を呼んで説得を頼むこととなり、やっとのことで事態が収拾したという。

鐵舟が十三歳の時のこと。ある日、ほかの兄弟たちは全員、隣の家に招かれて鰻《うなぎ》をご馳走になっていたが、鐵舟は一人残って読書に余念がなかった。

時に、幕府の内命による諸国の武芸視察のために小野家に滞在していた長田文弥《おさだぶんや》が鐵舟に「坊ちゃんは、なぜお出かけにならないのか」と尋ねると、鐵舟は「あんなミミズにひれの生えたようなケチなものはお断りです。鯨かなにかならご馳走になります」と答えた。長田文弥は、鐵舟の語気が非凡であることに感心して、深く将来を嘱望《しょくぼう》した。そして後年、鐵舟の剣術修行のために、ひとかたならぬ尽力をしたという。

鐵舟は幼少の頃、記憶力に欠けるところがあったので、四書五経の素読を習った時には、本を丸々書き写し、これにふり仮名を振って覚えたとのこと。

鐵舟は八歳の頃から観音様を信仰し、朝に夕に茶菓を供えて、怠ることなく礼拝していた。十五歳の時、異母兄の小野古風《こふう》に伴われて、父の代わりに伊勢神宮《いせじんぐう》に参拝することとなった。一日十里（約四〇キロメートル）を歩く旅程であったが、あいにくの雨降り続きで、伊勢の白子《しろこ》に到着した日は殊《こと》にひどい天気であった。それでも鐵舟は旅館に着くなり下男に命じて菓子を買い求め、*両掛《りょうがけ》から袴《はかま》を取り出して、いつものように礼拝した。

ところがいつまでも平伏した格好のままなので、兄の古風が怪しんで声をかけたところ、疲労の極に達していた鐵舟はそのまま眠ってしまっていたのであった。後年、古風はこの話をもち出して、鐵舟と二人で大笑いしたという。

＊両掛…旅行用の行李《こうり》の一種。衣服や調度を入れた小形のつづらを棒の両端に掛けたもの。

◉父母の死、そして江戸へ

鐵舟は十六歳で母を、十七歳の時には父を失った。

父は、臨終の床にあった時、鐵舟を枕元に呼び寄せ、金三千五百両をもって五人の子供の将来を託した。酒井極《さかいきわむ》、芝忠福《しばただよし》、小野駒之助《こまのすけ》、小野飛馬吉《ひめきち》、落合務《おちあいつとむ》の五人で、いずれも鐵舟の同母弟である。

そこで鐵舟は五人の弟を連れて飛驒より江戸へ帰り、異母兄の小野古風の家に身を寄せることとなった。末弟の務はやっと二歳になったばかりであったから、早速乳母を雇い入れるべく兄の古風に相談をもちかけたものの、この異母兄は多人数の寄寓《きぐう》を嫌って、ともすれば言葉を濁して日一日と先延ばしにする。鐵舟は仕方なく毎日末弟を抱いて近隣に貰い乳に歩き、夜になれば重湯に蜜を加えたものを枕元に温め置いては添い寝をしながらこれを飲ませるなど、三ヶ月余りにわたって自ら面倒をみることとなった。

その後、五人の弟に父の遺した金を分け与え、それぞれを相応の旗本の家に養子にやり、自身は金百両を持参して山岡家に入った。残った金はすべて兄の古風に贈ったという。

鐵舟が父母と死別し、異母兄の家へ身を寄せて以後は、その衣服などが常に破れがちであったので、同輩連中は皆、「襤褸《ぼろ》鐵」と綽名《あだな》して呼んだ。鐵舟はこの呼び名を甘受し、自らもまた「ボロ鐵」と称していた。

鐵舟十九歳の時のこと。ある夜、小野古風は、本所の知人宅から小石川の自邸へ帰ろうとして不忍池《しのばずのいけ》のほとりに差し掛かったが、一人の青年が弁天様の前の石灯籠《いしどうろう》を崩してしきりに力試しをしているようだったので、しばらく木陰に潜んで様子を窺《うかが》うこととした。やがて青年は石灯籠の竿*石を高々と差し上げて池の中に投げ入れようとする。

その瞬間、古風は大喝一声、「コラ待て」と叫んで駆け寄った。さて、その襟首を捉えてよくよく見れば、あろうことか自分の弟の鐵太郎であった。そこですぐさま灯籠を元通りに積み直させ、鐵舟を伴って自邸へと帰った。

古風が夜を徹して鐵舟の粗暴をたしなめると、鐵舟は自身の行為を深く反省し、将来にわたって自戒すべく、左腕を刺して血の誓いを立てたのであった。
＊竿石…石灯籠などの台になっている石の上にある柱状の石。

◉山岡静山との出会いと別れ

鐵舟は十九歳の時に山岡静山の門に入って槍術《そうじゅつ》を学んだ。だが静山は程なく水練の師匠の難を救うべく、隅田川で水死してしまった。師を失った鐵舟はいよいよ敬慕の念を抑えることができず、毎夜課業を終えるとひそかに亡師の墓参りをした。

ところが寺僧がこれを妖怪だと思い、静山の実弟で高橋家を継いでいた高橋泥舟《でいしゅう》にその旨を告げたので、泥舟はその正体を見届けてやろうと、ある晩時間を見計らって物陰で様子を窺っていた。すると、一天にわかに掻《か》き曇り、電光が閃き、雷鳴は地を震わし、夕立模様となった。まさにその時、いずこより誰かが一人駆けて来る。その者は静山の墓前に一礼すると、すぐさま羽織を脱いで墓にかぶせ、身体を寄せると、「先生、ご安心なさいませ。鐵太郎が側にいます」と言う。

その語気、まさに生きている静山に対するかのようである。

泥舟はここで初めて妖怪の正体が鐵舟であったことを悟り、思わず感激の涙を流した。それというのも、静山は生前、雷鳴が大嫌いで、書斎に駆け込んでは頭から布団を被《かぶ》ってつっぷしているのが常だったからである。

その後、静山を失った山岡家は相続する者がいなくなったので、親族が協議して後継に相応《ふさわ》しい人物を門人の中から物色するにあたり、泥舟の見極めをもって鐵舟が選ばれることとなった。


ちなみに、山岡静山は希代の槍の名人であり、生まれついての孝養を尽くす人であった。ある時病に罹り、十日余りにわたって絶食に及んだ。母がその衰弱の様子を見て深く嘆くと、静山はその翌朝、未明より道場に出て、門人一同を指南するとともに自らを鍛えた。そして、午後四時頃に部屋に戻ると母に向かって、「私はまだまだこのように元気ですから、大丈夫です」と言い、元気にふるまってみせたのだった。

その後、また重い脚気《かっけ》の症状が出て引きこもることになったのだが、静山の水練の師匠を、その技術を妬んだ仲間の者が隅田川で謀殺しようと企てていると母がどこかで聞き及び、いたく心配して、静山に「どうにかして助けてあげたいものだねえ」と言ったものだから、静山はむっくと布団の上に起き直って、「私が行って、必ずお助け申します。ご安心なさいませ」と請け負い、危難の際には病をおしてその場に駆けつけたのだったが、泳いでいる最中に衝心《しょうしん》（脚気に伴う急性の心臓障害）を起こし、この世を去ることになってしまった。享年二十七歳であった。

◉ボロ鐵の剛気

鐵舟二十一歳の時のこと。ある夜、鐵舟は同輩数人とともに何某かの屋敷に招かれ、酒食をご馳走になったが、おのおの自慢話に興じ、夜の更けるのを知らなかった。

なかでも屋敷の主人は大いに健脚を誇り、「拙者は明日、下駄履きで成田山へ往復（約三十五、六里＝一四〇キロメートル程度の道のり）するつもりだが、誰か同行する者はおらんか」と言って、傲然と一座を見回した。が、一人も応じる者がいない。

そこで鐵舟が、「拙者恥ずかしながら遠路を歩いた経験がありませんから、幸いにも明日は足試しにお供いたしましょう」と口を開いた。これを聞いた屋敷の主人は軽侮《けいぶ》の笑みを含んで、「やあ、襤褸鐵公が同行されるとな。それは一つ面白い。それでは明朝四時を刻限とするので来邸されよ。必ずやお待ち受け申そう」と言う。

時刻は既に午前一時を過ぎている。鐵舟は家に帰り、机にもたれて熟睡。目覚めると、風雨がサーッと窓を打っている。が、そんなことにはお構いなしに、早速高下駄を履いて出かけていく。

屋敷に到着すると、件《くだん》の某氏は手拭いで頭を縛り、苦々しい表情で、「昨夜の酒に大いにやられて頭痛が激しく、いかんともしがたい」と言う。

鐵舟は「それでは今日はともかく拙者一人で行くことにいたしましょう」と言って、悠々闊歩《かっぽ》して出発した。そして、その夜の十一時頃、再び屋敷に立ち寄り、「ただいま帰り着きました」と声をかけた。某氏が驚いて出てみると、鐵舟の下駄の歯はすべて完全に磨り減り、全身は飛び散った泥にまみれていたので、某氏は赤面して顔を伏せ、一言も発することができなかった。このことがあって以来、鐵舟は同輩の間で深く畏敬されることとなった。

◉剣術に打ち込む

鐵舟は十八歳の時より幕府の講武所《こうぶしょ》に入って武術を学んだ。

そして二十一歳の時、その抜群の技量が認められ、同所の世話役に任ぜられた。ある日、惰眠をむさぼる諸士に喝を与えようと、木刀をふるって厚さ一寸余りの欅《けやき》の羽目板を突き抜いた。当時、この一件は旗本中に奇談として広く伝わった。

また、しばしば諸士を啓発するための方策や意見を、その師範役である千葉周作《ちばしゅうさく》に建言した。今、その意見書の一つの草稿を記せば次のようなものである。

秋来諸組槍剣の稽古日課相定め。御番士及小普請等の士に其技を研究して懈怠なからしむ。其諸士を教誨するの意懃々切々誠に感謝に堪へざる也。而して御番士及小普請等の士皆上諭の辱きを知らず。遊蕩放逸名利に趨り。粉骨砕身其術を勉強する者は。一組の中両三人に過ぎず。万一非常の変あらば何を以之を禦がん。実に歎ずべき也。雖レ然之を励ますに法あり。其法如何。曰く今茲に勇士と怯士と有り。試に之を深谷の上に誘ひ告て曰。此谷を跳踰えん者には。百金を賞与せんと。勇士百金を得んと欲し奮て之を踰ゆ。而して怯士は躊躇進まず。于レ時忽ち猛虎の背後に在るを見ば。恐怖度を失ひ。賞に係らずして跳踰えん。其之を踰ゆるに及では。豈勇怯の別あらん哉。夫れ勇士は古の士也。怯士は今の士也。百金は賞也。猛虎は罰也。故に勇士は賞を以之を率ゐ。怯士は罰を以之を率ゐば。斉く共に深谷を踰えしむるに足る。其れ如レ是則ち遊惰の士は変じて勉強の士と為り。怯弱の士は化して勇敢の士と為り。国勢を一新し武備を鞏固にする。日を数へて待つ可し矣。若し因循苟且徒に歳月を送り。而して決断せざれば必ず臍を噛むの時あらん。願くば熟察せよ焉。

(大意)

御番士《ごばんし》や小普請《こぶしん》の諸士を教える任にあることには感謝に堪えないが、彼らの心掛けには疑問符がつく。遊蕩《ゆうとう》、放逸《ほういつ》、名利に走り、真摯《しんし》に武術の鍛錬に励むものは組の中の二、三人に過ぎない。万が一の非常時にはどうして対応できようか。全く嘆かわしい状況である。しかし、妙法がある。ここに勇士と怯士《きょうし》とがいたとして、深い谷を飛び越えることができたら賞金を与えようということになれば、勇士は賞金を欲してこれを飛び越えようとするが、怯士は躊躇《ちゅうちょ》して尻込みする。しかしながら、背後に猛虎が迫っていれば、その恐怖から賞金に関係なく飛び越えようとするはずである。ここでいう猛虎とは、すなわち罰のことであり、勇士は賞でもって率い、怯士には罰をもって臨めばともに深い谷を飛び越えることができるのである。となれば、遊惰《ゆうだ》の士も怯弱《きょうじゃく》の士も一変し、国の守りを強固にすることができる。早急に対処すべきであり、いたずらに日数を費やすだけで決断をしないでいると、必ずや臍《ほぞ》を噛む時がくるので、よくよくお考えいただきたい。

鐵舟が生涯において最も打ち込んだのは剣術である。この道に足を踏み入れ、盛んに稽古《けいこ》をしていた頃はほとんど狂気の沙汰で、厠《かわや》にあっても、寝床にあっても、絶えず臨戦態勢にあるがごときであり、道のどこかで竹刀の音が聞こえると飛び込んでいっては試合を申し入れ、自分の家を訪れる者があれば、誰彼の区別なくすぐに稽古道具を持ち出して、「さあ一本」と挑んだ。

そんななかでとりわけ傑作な話は、毎日出入りする商人の若者等をもつかまえては、「俺の身体のどこでもいいから勝手に打ってくれ」と言って素っ裸になって立ち向かい、もう一本もう一本と際限なく強要していたら、さすがの若者等も閉口し、ついには御用聞きに来なくなってしまったというものである。

そこで実弟の酒井極が、「彼ら素人を相手にして何の益がありますか。殊に裸で立ち向かうなどあまりに乱暴ではありませんか。少しお控えになってはいかがです」と諌《いさ》めた。

すると鐵舟は、「ばかなことを言う。型通りの木刀による試合の範疇《はんちゅう》から出ないで何の役に立つというのか。俺は素人でも玄人でもなんでも構わん、いつも戦場の真っ只中で真剣勝負をするつもりで稽古をしているのだ」と反論したが、「でも御用聞きが来なくなってはお姉さまがお困りですから」と言われると、鐵舟は大笑いして、「やあ、兵糧《ひょうろう》攻めか、そいつは一本参ったな。では、今日より試合はさせないから御用聞きに来るように、お前のほうから触れ回ってきてくれ」と答えたという。

◉坐禅と鼠

鐵舟はまた、剣術に次いで禅に非常に熱心であった。家にいようと別のどこかにいようと、夜には必ず二時まで坐禅《ざぜん》を組んだ。

ところで、鐵舟の壮年時代の住居は、壁といわず天井といわず、すべて破損するに任せていた。そのうえ鐵舟は生まれついての殺生嫌《せっしょうぎら》いときたから、多数の鼠《ねずみ》が絶えず室内に出入りして、跳梁《ちょうりょう》跋扈《ばっこ》を極めたものであった。それが鐵舟の修禅《しゅぜん》の時に限り、どこかへ姿をくらましてしまって、わずかな影すら見えないので、夫人は甚だ不思議に思い、この由を鐵舟に語ると、鐵舟は「俺の禅は鼠の案山子《かかし》くらいが相場かな」と笑っていたという。

ところが、晩年に至って壁や天井の修繕が行き届くようになり、おのずと鼠どもの世界は天井裏と定まったようであるのに、夜が更けてくるとどこからかやって来て、平気で室内を徘徊《はいかい》し、しまいには修禅もしくは写経中の鐵舟の膝や肩によじ登るので、時折鐵舟はシッシッと言って払いのけていたとのこと。

出会いの光芒…❶

高橋泥舟（たかはしでいしゅう）

山岡鐵舟、勝海舟《かつかいしゅう》の二人に高橋泥舟を加えて「幕末三舟《ばくまつさんしゅう》」という。江戸の無血開城にかかわった、「舟」を号の中にもつ三人の幕臣というくくりであり、『幕末三舟伝』を著した頭山満《とうやまみつる》の言葉を借りて三舟の個性を比較すれば、「海舟は智のひと、鐵舟は情のひと、泥舟は意のひと」ということになる。一般的な知名度としては、抜群の知名度をもつ海舟はさておき、鐵舟と比べても泥舟のそれは大きく劣るというのが実状であろう。

しかし、鐵舟の人生というものを考えた場合、泥舟の存在というものは、海舟と鐵舟の関係とは全く違った次元で、非常に大きかった。泥舟は、鐵舟が敬愛してやまなかった山岡静山の実弟であり、小野鐵太郎が山岡鐵太郎となったのも、泥舟の意向があったればこそである。鐵舟が山岡家へ養子に入ったことで、系図的にも泥舟は鐵舟の義理の兄ということになっている。

高橋泥舟は、鐵舟より一年早い天保六（一八三五）年の二月十七日に江戸に生まれた。名は政晃、通称は謙三郎あるいは精一。早くから母の生家である高橋家の養子となる。兄の山岡静山について槍術を修行し、幕府講武所槍術師範となる。静山亡き後は自身で工夫を凝らし、小石川伝通院《こいしかわでんずういん》内の処静院《しょじょういん》の淋瑞《りんずい》律師との交わりを経るなどして奥義に達したという。文久二（一八六二）年の京都出張で小笠原壱岐守《おがさわらいきのかみ》と論を交わすが、この折の剛直な人柄を壱岐守が評価したらしく、従五位下伊勢守《いせのかみ》に任ぜられた。泥舟に対する「槍一筋の伊勢守」という呼称はこの位からきている。翌文久三（一八六三）年、清川八郎《きよかわはちろう》率いる浪士組《ろうしぐみ》が上洛することとなり、浪士取扱の任に就く。義弟の鐵舟はこの時、浪士取締役の地位にあった。

この浪士組がどのように展開していくかは「新撰組《しんせんぐみ》」の話でお馴染みだが、結局江戸へ戻ることとなった泥舟は、幕府との間にすれ違いを見、幽閉の身となる。時代状況はいよいよ切迫し、幕府では主戦論と非戦論が交錯する。幽閉が解けた後の泥舟はそのような状況において恭順説を唱える。慶応《けいおう》二（一八六六）年に遊撃隊頭取となり、更には遊撃隊頭となって、慶応四（一八六八）年には鳥羽《とば》・伏見《ふしみ》の戦いに敗れて上野寛永寺《うえのかんえいじ》に謹慎している徳川慶喜《とくがわよしのぶ》の警護にあたる。この時官軍は江戸に向かって進軍しており（本営である大総督府は駿府《すんぷ》に構えられていた）、慶喜は恭順の意を大総督府に伝える必要に迫られていた。慶喜は泥舟を使者に立てようとしたのだが、それでは自身の警護が薄くなる。そこで白羽の矢が立ったのが、泥舟が推薦した山岡鐵舟だったとされている。

維新後、泥舟は東京に隠棲《いんせい》、野にあって残りの一生を過ごした。慶喜に恭順を勧めた泥舟としては、自分だけが世に出ることを潔《いさぎよ》しとしなかったのであろう。ところで、鐵舟は新政府に仕えることになるのだが、そこには西郷隆盛《さいごうたかもり》らの推薦があったとされる。鐵舟が西郷隆盛に見込まれたのは、慶喜の使者である鐵舟と駿府で談判に及んで、その人間を見極めたからに違いない。そのきっかけが泥舟の一言にあったと振り返る時、泥舟は鐵舟を世に送り出した代わりに、自らは野の人となった、とみるのはうがち過ぎであろうか。

明治三十六（一九〇三）年二月十三日、槍術家高橋泥舟はその生涯を終える。享年六十九歳。鐵舟の死の十五年後であった。

第二章

維新前後

主として鐵舟の維新前後の動向に焦点をあてている部分を第二章とした。

◉

嘉永六（一八五三）年、アメリカ東インド艦隊司令長官ペリーが浦賀沖に来航する。この時、鐵舟十八歳。飛驒高山から江戸に戻ってきた翌年のことであるが、これを機に日本はいよいよ激動の時代に突入し、十四年後には大政奉還、王政復古を迎える。

幕府の体たらくを目にして、その限界を見極めた鐵舟は朝幕一致を目指し、清川《きよかわ》八郎《はちろう》と接点をもつことになる。出羽国《でわのくに》清川村の出身の清川八郎は、策士的なところはあるものの文武に秀でた人物であったことは間違いなく、若くして江戸に塾を開き、若者たちをよくも悪くも先導していた。鐵舟は飛驒高山時代、父高福が招聘《しょうへい》した北辰一刀流の井上清虎に稽古をつけてもらっていたが、井上が千葉周作の道場玄《げん》武館《ぶかん》の師範だった縁で、江戸では玄武館に入門しており、北辰一刀流の同門ということで清川と知り合うのである。鐵舟は清川の塾にも出入りし、清川が虎尾《こび》の会を結成した際には発起人の一人として名を連ね、清川が画策した浪士組では取締役の任に就いている。

文久三（一八六三）年、浪士組は上洛するも空中分解、清川や鐵舟は江戸に戻り、京都に残った者たちは新撰組となる。程なく清川は刺客に倒れ、鐵舟は、浪士組の管理不行き届きの責任を負わされて謹慎の身となる。解けてのちは浅利又七郎《あさりまたしちろう》から剣を学ぶことになり、しばし時代の趨勢をやや距離をおいて眺めることになるが、このような動向に関連して本章は、清川が暗殺された当夜の鐵舟の対応や、謹慎が解けてのちの貧乏暮らしの一断片を伝える。

そして、慶応三（一八六七）年、十月についに大政奉還がなされるも、十二月には王政復古のクーデターが起こり、翌一月の鳥羽・伏見の戦いの結果、徳川慶喜は朝廷から追討令を出されるに至る。新政府はそれを受けて江戸に向けて東征軍を送るが、その総攻撃によって江戸が火の海になろうかという時、鐵舟に大事な役目が回ってくる。東征軍司令部に慶喜恭順の意を伝えて江戸総攻撃の回避に道を開くべく、駿府に陣を張っていた東征軍の大総督府に単身乗り込むことになる。

結果、江戸城は無血開城、町が火の海となるのは避けられ、江戸百万市民は戦禍から免れる。この間の事情、経緯については鐵舟本人の記した「慶應戊辰三月駿府大總督府ニ於テ西郷隆盛氏ト談判筆記」に詳しいが（本章の鐵舟アーカイブズ❶に所収）、本章にはその前夜の鐵舟の姿も見ることができる。

その後鐵舟は大目付の任を与えられ、最後まで抗戦の姿勢を示した彰義隊《しょうぎたい》の説得にあたるも、こちらは奏功しなかった。その頃、慶喜は水戸に退去していたが、鐵舟はその水戸に慶喜を訪ねてもいる。慶喜の意を受けて、駿府移住に向けて新政府との間に立っていたようなのだが、本章には、この水戸滞在中のちょっとしたエピソードに触れている箇所もある。

◉清川八郎と交わる

鐵舟は二十四歳の時、天下の動向、なりゆきを見て、自分の進むべき方針を立てた。対外的には挙国一致して天皇の威光を示さねばならないが、内政的には幕府の命運はもはや尽きているから、要はその有終の美をどう飾るかである。そのためには、速やかに朝廷の命を奉じて攘夷を成し遂げ、その後で潔く大政を奉還する以外にはない。

このように針路を定めた鐵舟は清川八郎に協力し、諸藩の浪士を糾合して虎尾の会を結成、幕府の尻を叩いて朝廷の意向に従って行動するように力を注いだ。また、幕府の朝廷に対する反抗心を静めることにも力を傾けたが、そのかいあってか、ことさら騒ぎになるようなことはなかった。最後には、彰義隊のほか二三の事態に対処することとなるが、大勢の決している状況では全くなすすべがなかったという。

文久三年四月十三日の夜のこと。清川八郎が赤羽橋で殺された時、その知らせがいち早く鐵舟のもとに届くと、鐵舟はすぐに義弟の石坂周造《いしざかしゅうぞう》（鐵舟夫人の妹婿）を呼び、清川が身につけている同志の連判状とその首を取って来るように命じた。

そこで石坂が大急ぎで現場へ駆けつけてみると、幸いにもまだ検視の役人は出向いてきていない。町役人らが見張り番をしているところだったので、念のために「この者は誰か」と尋ね、町役人が清川八郎だと答えるやいなや、石坂は突然刀を抜き、声を張り上げて「年来探していた不倶戴天の敵、清川八郎」と叫びながら清川の首を打ち落とした。

町役人らが驚き慌てて駆け寄ろうとすると、石坂は血のついた刀を振りかざしてきっと睨み、「わしの仇討ちの邪魔をするというのならば、お前たちもまた敵の一味。皆殺しにしてやる」と言って身構えたので、町役人らは震え上がって後へ引き下がる。その間に素早く清川の内懐《うちぶところ》より連判状を取り出し、夜陰に乗じて脱兎のごとく帰り去った。そして、連判状を鐵舟に手渡し、清川の首はひそかに地中に埋めてしまった。

もしこの連判状が幕府の役人の手に渡っていたならば、何らかの罪名のもとに鐵舟を始め同志の者は全員捕縛されたであろうし、清川八郎もまた晒《さら》し首を免れなかったはずである。

◉鐵舟貧乏暮らし

鐵舟は三十歳にもなろうというのに極めて貧乏で、なかでも元治《げんじ》元年の大晦日にはわずか八両の支払いができず、夕方には取り立て人が勝手口にやってきては代わる代わる催促するという状況であった。ときに鐵舟は台所で無遠慮に大きくあぐらをかき、晩酌の酒で上機嫌になっていた

ことも あってか、

さけのめば　なにか心の　春めきて　借金とりは　鶯の声

と声高らかに詠い、平気である。連中はいらだって、いよいよ厳しく催促する。鐵舟はまた、

払うべき　金はなけれど　はらいたき　こころばかりに　越ゆる此暮《このくれ》

と唸りながら、巾着の中から二朱と二百文を取り出して彼らに示し、「これは俺の軍用金なので、片時も手放すわけにはいかない」と言った。借金取り一同はこの有様を見て、大笑いして去っていったという。

◉松岡萬との出会い

鐵舟は朝幕一致を主張していたので、幕府側の人間は鐵舟のことを大いに疑い、しばしば暗殺を謀《はか》った。なかでも忠義で真っ正直なことでは旗本の中でも人後に落ちない松岡萬《まつおかよろず》が憤慨し、ある日、泥酔を装って鐵舟の背部に戯れかかり、柔術でその首を砕こうとした。

しかし、その瞬間、鐵舟はその手を捉えて反対に松岡をねじ伏せ、懇々《こんこん》と諭《さと》してその誤解を解いた。ここで松岡は初めて鐵舟の心のうちを知り、すぐに同志として加わることとなった。

鐵舟はその後、松岡の逼迫《ひっぱく》した経済状況を気の毒に思い、自身もまた困窮しているにもかかわ

らず、毎月三十円を生涯にわたって援助した。松岡は鐵舟の心に深く感じ入り、己の命がある限りは鐵舟のために命を捨てる覚悟であったという。

◉明治維新を前に

慶応戊辰（一八六八年）三月、駿府の大総督府へ赴く前夜、鐵舟はどこで呑んできたのかわからないが、ひどく酔って帰宅し、茶漬けがあれば早く出してくれと玄関より叫んで入ってきたので、夫人はすぐに膳の用意をした。折から益満休之助《ますみつきゅうのすけ》が来ていたので、鐵舟はすぐに別室で何事か内密に相談し、その後膳に向かっていかにもうまそうに一升余りの茶漬けを平らげると、羽織袴に着替えて、「ちょっと行ってくるぞ」と言って益満とともに出かけていった。

翌日になって、夫人はようやく鐵舟が大事な使いとして赴いたことを知り、大いに心配して神仏に誓いを立て、ひたすらその成功を祈ったのであった。

ちなみに、益満休之助は薩摩《さつま》藩士で、早くから藩を脱して江戸に入り、鐵舟とともに虎尾の会を結成して専《もっぱ》ら朝幕一致のために奔走した。剛勇な気性はこの上なく、慶応戊辰五月十五日の官軍による*東叡山《とうえいざん》攻撃の時、本郷の切通坂《きりどおしざか》において流れ弾にあたって、立ちながら絶命していたという。

＊東叡山攻撃…上野の寛永寺に入って抗戦した彰義隊に対する攻撃。東叡山とは東の比叡山の意で、寛永寺の山号。

鐵舟と小野古風とは異母兄弟の間柄であるが、鐵舟は妾腹＊であったので、子供の時からこの異母兄には甚《はなは》だしく軽蔑されていた。しかし、鐵舟がひとたび戊辰戦争の難局にあたった後は、心の底から鐵舟に敬服し、常に鐵舟のことを「先生、先生」と呼んだので、鐵舟はある時家人とともに、兄が弟を先生と呼ぶ奴があるものかと語って大笑いしたという。

＊妾腹…鐵舟の母磯は、父の小野朝右衛門高福が先妻二人と死別したのちに迎えた三番目の正妻なのでこの表現はあたらない。詳細は不明であるが、ここは原典のままとした。

鐵舟が徳川慶喜に従って水戸にいた時のこと。ある日水戸家随一の酒豪という者と酒の呑みくらべをした。ところがその者は五升を呑んだところで白旗を揚げてその場に倒れてしまった。鐵舟は七升をあけたが、それでも余裕綽々《しゃくしゃく》で寓居に戻っていったという。

またある時は安倍川餅《あべかわもち》を百八個平らげ、またある時はゆで卵を九十七個平らげたとのこと。

◉全生庵を建立

鐵舟は生涯にわたって剣の道を歩み、維新という大事態に遭遇したにもかかわらず、ついに一度も人を斬ることはなかった。しかも自分が人を斬らないばかりでなく、維新の際には部下にも無益な殺人は厳しく戒め、それでも血気にはやる危険な者に対しては、陰に陽に監督してその行動を束縛した。

それでも同輩で凶刃に倒れた者が日に幾人あったかはわからない。その部下の浪士にも空しく犬死にした者が多かった。鐵舟はこのような言葉なくして死んでいった者たちの霊を深く憐《あわ》れみ、後年全生庵《ぜんしょうあん》を建立して、国のためにその身を犠牲にした志士の霊とともに、永くその祭祀《さいし》を行うこととした。

鐵舟は維新の際、徳川慶喜を護衛するために旗本から有志を募って精鋭隊というものを組織し、その隊長となった。隊士の一人に和田三兵衛という者がいて、ひそかに隊士七十人余りに声をかけ、各所を脱け出してきた兵たちとともに官軍を小田原で待ち伏せて攻撃を仕掛けようと企てたところ、まさに江戸を出発しようという前夜、その計画がばれてしまった。

鐵舟はその不心得を厳しく叱責《しっせき》し、ついには切腹を命じた。三兵衛もまた大いに悔やみ、躊躇《ちゅうちょ》なく死に赴いた。鐵舟はその忠義と勇気に感じ入り、後年、文章を蒲生重章《がもうちょうしょう》に頼み、書は自らが筆をとって、全生庵境内に碑を建ててその忠勇を広く顕彰《けんしょう》したのであった。

清水次郎長（しみずのじろちょう）

講談や時代劇で有名な清水次郎長は実在の人物である。時代劇の主人公として映像化されるため、江戸時代の人間と思うむきもあるかもしれないが、明治二十六年まで生きており、全生庵で行われた鐵舟の葬儀にも参列している。

生まれたのは文政《ぶんせい》三（一八二〇）年一月一日。駿河《するが》清水の船頭、雲不見《くもみず》三右衛門の三男として生まれ、母方の叔父である米問屋山本次郎八の養子となる。次郎長と略称するが、本名は山本長五郎《やまもとちょうごろう》。博徒となって東海道を縄張りに、甲斐《かい》の黒駒勝蔵、伊勢《いせ》桑名《くわな》の穴太徳《あのうとく》（安濃徳）らと抗争を繰り広げる。慶応二（一八六六）年の荒神《こうじん》山《やま》の決闘の後は、その名は全国にとどろくほどになるが、明治維新を迎え、状況が一変する。

慶応四年、九月には年号を明治と改めて明治元年となるが、一月の鳥羽・伏見の戦いの後、徳川慶喜追討令が出され、三月に入って有栖川宮熾仁《ありすがわのみやたるひと》大総督率いる東征軍が駿府に駐屯。町奉行は廃され、伏谷如水《ふせやじょすい》という旧浜松藩の家老が当座の差配役《さはいやく》となって町の治安にあたっていたのだが、その伏谷の要請により、次郎長も沿道の警護にあたることになる。しかも、その任に就《つ》くことで、過去の罪は帳消しとなり、帯刀も許された。力量を認められてのこととはいえ、立場が百八十度変わったわけである。毒をもって毒を制すではないが、それほどまでに世の中が騒然としていたのであろうということが窺《うかが》える。

同年八月、徳川家達《いえさと》が駿府藩の藩主としてやって来る。徳川三百八十万石は七十万石に減らされて駿府に移封、当時六歳の家達（その頃の名は田安亀之助《たやすかめのすけ》）が徳川家を相続することとなったからである。その駿府藩の幹事役に山岡鐵舟がいた。ちなみに、恭順の意を示した徳川慶喜も同じ駿府に隠棲することとなった。

ところで、清水次郎長と山岡鐵舟の出会いは、かつて勝海舟が指揮して太平洋を渡った咸臨丸《かんりんまる》がらみの事件がきっかけとなって実現する。

年号が明治と改まる前後、新政府との対決を諦《あきら》めない榎本武揚《えのもとたけあき》は数隻の軍艦を率いて奥州《おうしゅう》に向かっていたが、犬吠埼《いぬぼうさき》で嵐に遭遇。なかでも最も老朽化していた咸臨丸は静岡まで流され、清水港で修理を余儀なくされていた。そこへ新政府の軍艦の攻撃を受けてしまったのである。乗っていた徳川の家臣連中の大半は上陸していたものの、船内にいた者は乗り込んできた官軍の兵士に殺され、死体は清水港に投げ捨てられた。

この死体を、駿府藩は官軍の目を気にして放置していたのであるが、「死んで仏となれば、官軍も賊軍もない」ということで次郎長が子分に命じて埋葬させたところ、駿府藩の取り調べを受けるに及び、次郎長は鐵舟と出会うことになるのである

その行為に感銘を受けた鐵舟は労をねぎらい、のちに次郎長がこの時の死者の墓石を建てた時には、「壮士墓」と自身で墓碑銘を揮毫《きごう》している。これを機に次郎長は鐵舟の家に出入りするようになり、交際は鐵舟が東京に戻ってからも続くこととなるが、次郎長のほうが十六も年上なのに、鐵舟が先に逝く。次郎長は七十四歳まで生き、亡くなるのは明治二十六（一八九三）年、鐵舟の死の五年後である。

維新後の次郎長は、囚人を使っての富士山麓の開墾《かいこん》など、新政府の政策に協力していくが、そんなさなかの明治十一年、天田五郎《あまだごろう》という青年を預かる。いったんは

次郎長の養子ともなり、後には禅僧愚庵《ぐあん》となり、歌人としての道も歩んで正岡子規《まさおかしき》に影響を与えたりもするのだが、この天田愚庵によって次郎長の一代記『東海遊侠伝』が著される。

これこそが時代劇や講談で馴染みの次郎長の人間像を作った源泉であり、これを元に講釈師や浪曲師がヒーローとしての次郎長を全国に広めていくことになるのだが、この天田青年を次郎長に託したのが、誰あろう、山岡鐵舟なのである。戊辰戦争で行方不明となった両親と妹を探して全国を放浪していた天田五郎をふとした縁で知った鐵舟は、次郎長の人物を見込んでこの青年を託したのであったが、それが結果的に、講談や時代劇の主人公を生み出すことになったのである。

鐵舟アーカイブズ❶

ここでは、鐵舟の手による記録として、江戸城の無血開城に道をつけた、駿府での西郷隆盛との交渉に至る経緯を記した「慶應戊辰三月駿府大總督府ニ於テ西郷隆盛氏ト談判筆記」と、その翌月、江戸城が無血開城となったのちも抗戦の姿勢を示して東叡山（上野寛永寺）に集まる彰義隊を解散させるべく、彼らに場所を提供している東叡山の大僧都覚王院義観の説得に赴いた折のやりとりを記した「慶應戊辰四月東叡山に屯集する彰義隊及諸隊を解散せしむべき上使として赴むき覺王院と論議の記」を紹介する。これらの文書は岩倉具視の求めに応じて提出したものであり、鐵舟自身が書いた記録が少ないという点から見ても、鐵舟に関する貴重な資料となっている。

【原文】

慶應戊辰三月駿府大總督府ニ於テ西郷隆盛氏ト談判筆記

戊辰《ぼしん》ノ年《とし》官軍《くわんぐん》。我《わが》主《しゆ》徳川《とくがは》慶喜《けいき》御征討《ごせいたう》ノ節《せつ》。官軍《くわんぐん》ト徳川《とくがは》ノ間《あひ》ダ隔絶《かくぜつ》。舊主家《きうしゆか》ノ者《もの》如何《いかん》トモ盡力《じんりよく》ノ途《みち》ヲ失《うしな》ヒ。論議紛紜《ろんぎふんうん》。廟堂上《べうだうしやう》一人《にん》トシテ。慶喜《けいき》ノ恭順《きようじゆん》ヲ大總督宮《だいそうとくのみや》へ相訴《あひうつた》ル者《もの》ナク。日夜焦心苦慮《にちやせうしんくりよ》スルノミナリ。其内《そのうち》譜代《ふだい》ノ家士《かし》數萬人《すうにん》。論議《ろんぎ》一定不レ致《ていいたさず》。或《あるひ》ハ官軍《くわんぐん》ニ抗《かう》セントスル者《もの》アリ。又《また》ハ脱走《だつそう》シテ事《こと》ヲ計《はか》ラントスル者《もの》アリ。其勢言語《そのいきほひごんご》ニ盡《つく》ス能《あた》ハザルナリ。舊主徳川慶喜《きうしゆとくがはけいき》儀《ぎ》ハ。恭順謹愼《きようじゆんきんしん》。朝廷《てうてい》ニ對《たい》シ公正無《こうせいむ》二ノ赤心《せきしん》ニテ。譜代《ふだい》ノ家士等《かしら》ニ示《しめ》スニ。恭順謹愼《きようじゆんきんしん》ノ趣旨《しゆし》ヲ嚴守《げんしゆ》スベキヲ以《もつ》テス。若不軌《もしふき》ノ事《こと》ヲ計《はか》ル者《もの》アラバ。予《よ》ニ刃《じん》スルガ如《ごと》シト達《たつ》シタリ。故《ゆゑ》ニ余舊《よきう》主《しゆ》ニ述《のぶ》ルニ。今日切迫《こんにちせつぱく》ノ時勢《じせい》。恭順《きようじゆん》ノ趣旨《しゆし》ハ如何《いか》ナル考《かんがへ》ニ出候哉《いでさふらふや》ト問《と》フ。舊主示《きうしゆしめ》スニ。予《よ》ハ朝廷《てうてい》ニ對《たい》シ公正無《こうせいむ》二ノ赤心《せきしん》ヲ以《もつ》テ謹愼《きんしん》スト雖《いへど》モ。朝敵《てうてき》ノ命下《めいくだ》リシ上《うへ》ハ。トテモ予《よ》ガ生命《せいめい》ヲ全《まつたう》スル事《こと》ハ成《なる》マジ。斯迄衆人《かくまでしゆうじん》ニ悪《にく》マレシ事《こと》。返《かへ》ス返《がへ》スモ歎《なげ》カハシキ事《こと》ト落涙《らくるゐ》セラレタリ。余舊《よきう》主《しゆ》ニ述《のぶ》ルニ。何《なに》ヲ弱《よは》キツマラヌ事《こと》ヲ申《まを》サル、ヤ。謹愼《きんしん》トアルハ詐《いつは》リニテモ有《あら》ンカ。何《なに》カ外《ほか》ニタクマレシ事《こと》ニテモ有《ある》ベキカ。舊主曰予《きうしゆいはくよ》ハ別心《べつしん》ナシ。如何《いか》ナル事《こと》ニテモ　朝命《てうめい》ニ背《そむ》カザル無《む》二ノ赤心《せきしん》ナリト。余曰眞《よいはくしん》ノ誠意《せいい》ヲ以《もつ》て謹愼《きんしん》ノ事《こと》ナレバ　朝廷《てうてい》へ貫徹《くわんてつ》シ。御疑念氷解《ごぎねんひようかい》ハ勿論《もちろん》ナリ。

鐵太郎《てつたらう》ニ於《おい》テ。其邊《そのへん》ハ屹《きつ》ト引受《ひきうけ》。必赤心徹底可レ致様盡力致《かならずせきしんてっていいたすべくやうじんりよくいた》スベシ。鐵太郎眼《てつたらうまなこ》ノ黑《くろ》キ内《うち》ハ。決《けつ》シテ配慮有《はいりよこれ》レ之間敷《あるまじく》ト断言《だんげん》ス。爾後自《そののちみづか》ラ天地《てんち》ニ誓《ちか》ヒ死《し》ヲ決《けつ》シ。只《たゞ》一人《にん》官軍《くわんぐん》ノ營中《えいちゆう》ニ至《いた》リ。大總督宮《だいそうとくのみや》ヘ此衷情《このちゆうじやう》ヲ言上《ごんじやう》シ。國家《こくか》ノ為《ため》ニ無事《ぶじ》ヲ計《はか》ラント欲《ほつ》ス。大總督府本營《だいそうとくふほんえい》ニ到《いた》ル迄《まで》。若《も》シ余《よ》ガ命《いのち》ヲ絶《た》ツ者《もの》アラバ曲《きよく》ハ彼《かれ》ニアリ。余《よ》ハ國家《こくか》百萬ノ生靈《せいれい》ニ代《かは》リ。生《せい》ヲ捨《すつ》ルハ素《もと》ヨリ余《よ》ガ欲《ほつ》スル所《ところ》ナリト。心中青天白日《しんちゆうせいてんはくじつ》ノ如《ごと》ク。一點《てん》ノ曇《くもり》ナキ赤心《せきしん》ヲ。一二ノ重臣《ぢゆうしん》ニ計《はか》レドモ。其事決《そのことけつ》シテ成難《なりがた》シトシテ肯《がへん》ゼズ。當時軍事總裁勝安房《たうじぐんじそうさいかつあは》ハ。余素《よもと》ヨリ知己《ちき》ナラズト雖《いへど》も。曾《かつ》テ其膽略《そのたんりやく》アルヲ聞《き》ク。故《ゆゑ》ニ行《ゆい》テ是《これ》ヲ安房《あは》ニ計《はか》ル。安房余《あはよ》ガ粗暴《そばう》ノ聞《きこ》ヘアルヲ以《もつ》テ少《すこ》シク不信《ふしん》ノ色《いろ》アリ。安房余《あはよ》ニ問曰《とふていはく》。足下如何《そくかいか》ナル手立《てだて》ヲ以《もつ》テ官軍營中《くわんぐんえいちゆう》ヘ行《ゆく》ヤト。余曰官軍營中《よいはくくわんぐんえいちゆう》ニ到《いた》レバ。斬《ざん》スルカ縛《ばく》スルカノ外《ほか》ナカルベシ。其時雙刀《そのときさうたう》ヲ渡《わた》シ。縛《ばく》スレバ縛《ばく》ニツキ。斬《き》ラントセバ我旨意《わがしい》ヲ一言大總督宮《ごんだいそうとくのみや》ヘ言上《ごんじやう》セン。若其言《もしそのこと》ノ惡《あし》クバ。直《たゞち》ニ首《くび》ヲ斬《き》ルベシ。其言《そのこと》ノヨクバ。此所置《このしよち》ヲ余《よ》ニ任《まか》スベシト云《い》ハン而已《のみ》。是非《ぜひ》ヲ問《と》ハズ。只空《たゞむなし》ク人《ひと》ヲ殺《ころ》スノ理《り》ナシ。何《なん》ノ難《かた》キコトカ之《これ》アラント。安房其精神不動《あはそのせいしんふどう》ノ色《いろ》ヲ見《み》テ。断然同意《だんぜんどうい》シ余《よ》ガ望《のぞみ》ニ任《ま》カス。夫《それ》ヨリ余家《よいへ》ニ歸《かへ》リシトキ。薩《さつ》人益満休之助來《じんますみつきうのすけきた》リ同行《どうかう》セン事《こと》ヲ乞《こ》フ。依《より》テ同行《どうかう》ヲ承諾《しようだく》シ。直《たゞ》チニ駿府《すんぷ》ニ向《むか》ヒテ急行《きふかう》ス。既《すで》ニ六郷河《がうがは》ヲ渡《わた》レバ。官軍《くわんぐん》ノ先鋒《せんぽう》。左右皆銃隊《さいうみなじゆうたい》。其中央《そのちゆうわう》ヲ通行《つうかう》スルニ止《とゞ》ムル人《ひと》ナシ。隊長《たいちやう》ノ宿營《しゆくえい》ト見《み》ユル家《いへ》ニ到《いた》リ。案内《あんない》ヲ乞《こ》ハズシテ立入《たちい》リ。隊長《たいちやう》ヲ尋《たづ》ヌルニ是《これ》ナルベシト思《おも》フ人《ひと》アリ。

（後聞ケバ篠原國幹ナリ）則チ《すなは》大音《だいおん》ニテ。朝敵徳川慶喜家來山岡鐵太郎《てうてきとくがはけいきけらいやまをかてつたらう》。大《だい》總督府《そうとくふ》へ通《とほ》ルト断《こと》ハリシニ。其人徳川《そのひととくがは》慶喜徳川慶喜《けいきとくがはけいき》ト。二聲小音《こゑこごゑ》ニテ云《いひ》シノミ。此家《このいへ》ニ居合《ゐあは》ス人《ひと》。凡《およ》ソ百人計《にんばか》リト思《おも》ヘドモ何《いづ》レモ聲《こゑ》モ出《いだ》サズ。唯余《たゞよ》ガ方《はう》ヲ見《み》タル計《ばか》リナリ。依《より》テ其家《そのいへ》ヲ出《いで》。直《たゞち》ニ横濱《よこはま》ノ方《はう》ニ急行《いそぎゆ》キタリ。其時益滿《そのときますみつ》モ後《うしろ》ニ添《そう》テ來《きた》レリ。横濱《よこはま》ヲ出《いで》。神奈川《かながは》驛《えき》ニ到《いた》レバ長州《ちやうしう》ノ隊《たい》トナレリ。是《これ》ハ兵《へい》士旅營《しりよえい》ニ入《い》リ。驛《えき》ノ前後《ぜんご》ニ番兵《ばんぺい》ヲ出《いだ》セリ。此所《こゝ》ニテハ。益滿《ますみつ》ヲ先《さき》トナシ余《よ》ハ後《うしろ》ニ從《したが》ヒ。薩州藩《さつしうはん》ト名乘《なの》リ急《いそ》ギ行《ゆ》クニ更《さら》ニ支《さゝ》フル者《もの》ナシ。夫《それ》ヨリ追々薩藩《おひくさつぱん》ト名乘《なの》レバ。無印鑑《むいんかん》ナレドモ。禮《れい》ヲ厚《あつく》

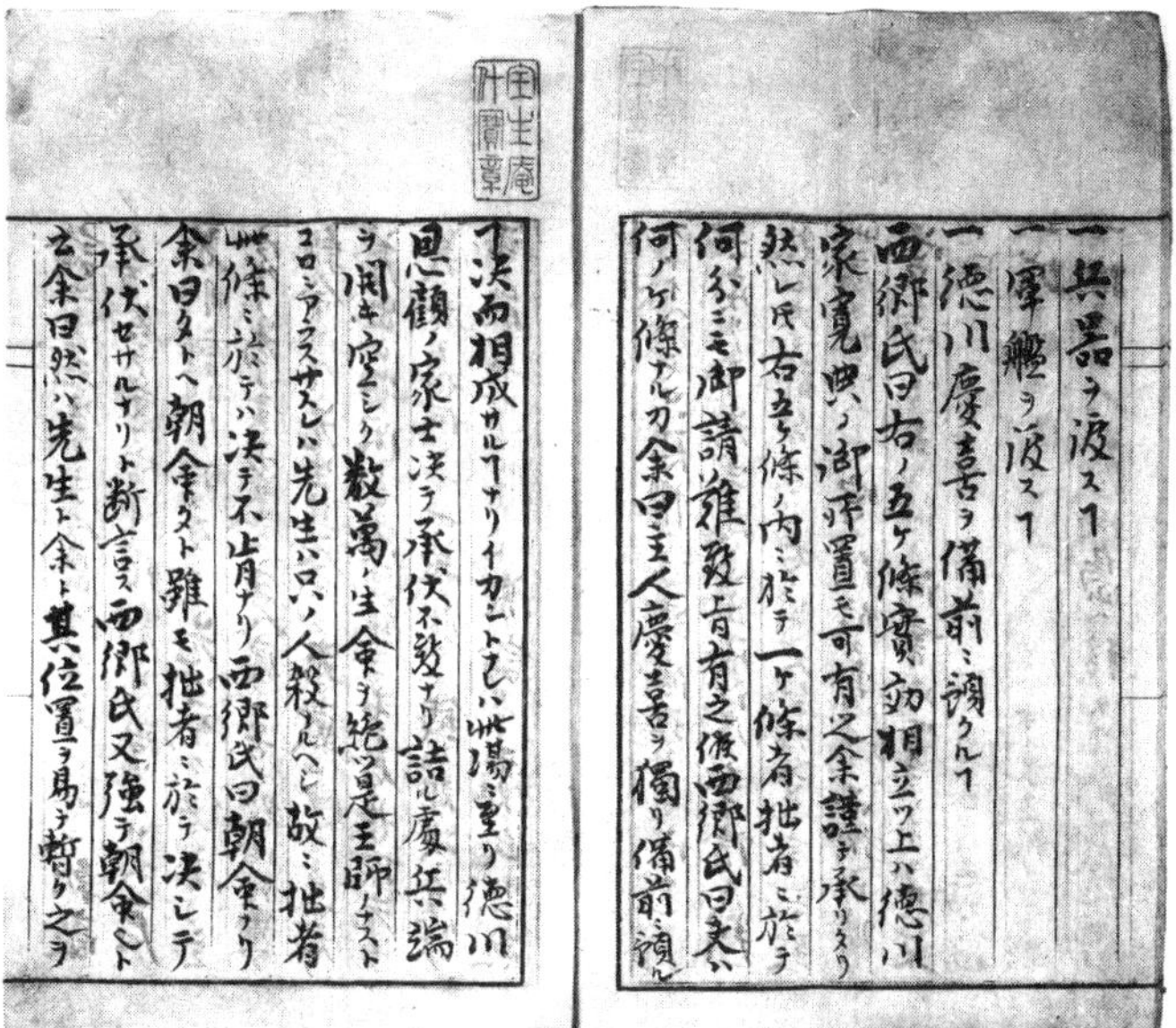
一兵器ヲ渡スヿ
一軍艦ヲ渡スヿ
一徳川慶喜ヲ備前ニ預クルヿ
西郷氏曰右ノ五ケ條實ニ効相立ツ上ハ徳川
家寛典ノ御所置モ可有之余謹テ承リヌ
然レ氏右五ケ條ノ内ニ於テ一ケ條有拙者ニ於テ
何分ニモ御請難致旨有之仮西郷氏曰夫ハ
何ノケ條ナルカ余曰主人慶喜ヲ獨リ備前ニ預ル
ヿ決而相成サルヿナリイカントナレハ此場ニ至リ徳川
恩顧ノ家士決テ承伏不致ナリ詰ル處兵端
ヲ開キ空シク數萬ノ生命ヲ絶ツ是王師ノナスト
コロニアラスサスレハ先生ハ只ノ人殺ナルヘシ故ニ拙者
此條ニ於テハ決テ不肯ナリ西郷氏曰朝命ナリ
余曰タトヘ朝命ナリト雖モ拙者ニ於テ決シテ
承伏セサルナリト断言ス西郷氏又強テ朝命ナリト
云余曰然ハ先生ト余ト其位置ヲ易テ暫ク之ヲ

シ通行《つうかう》サセタリ。小田原驛《をだはらえき》ニ着《つき》タル頃《ころ》。江戸《えど》ノ方《はう》ニ兵端《へいたん》ヲ開《ひら》ケリトテ。物見《ものみ》ノ人數《にんず》路上《ろじやう》ニ絶《た》ヘズ。東《ひがし》ニ向《むか》ヒテ出張《しゆつちやう》ス。戦争《せんさう》ハ何處《いづこ》ニテ始《はじま》リシト尋《たづ》ネシニ。甲州勝沼《かふしうかつぬま》ノ邊《へん》ナリト云《い》フ。仄《ほのか》ニ聞《きく》。近藤勇甲州《こんどういさみかふしう》ヘ脱走《だつそう》セシガ。果《はた》シテ是《これ》ナルベシト心《こゝろ》ニ思《おも》フタリ。晝夜兼行駿府《ちうやけんかうすんぷ》ニ到着《たうちやく》。傳馬町某家《てんまちやうばうけ》ヲ旅營《りよえい》トセル。大總督府下參謀西郷吉之助《だいそうとくふかさんぼうさいがうきちのすけ》方《かた》ニ行《ゆ》キテ面謁《めんえつ》ヲ乞《こ》フ。同氏異議《どうしいぎ》ナク對面《たいめん》ス。余西郷氏《よさいがうし》ノ名《な》ヲ聞事久《きくことひさ》シ。然《しか》レドモ曾《かつ》テ一面識《めんしき》ナシ。西郷氏《さいがうし》ニ問曰《とふていはく》。先生此度朝敵《せんせいこのたびてうてき》征討《せいたう》ノ御旨意《ごしい》ハ。是非《ぜひ》ヲ論《ろん》ゼズ進撃《しんげき》セラル、カ。我徳川家《わがとくがはけ》ニモ多數《たすう》ノ兵士《へいし》アリ。是非《ぜひ》ニカ、ハラズ進軍《しんぐん》トアルトキハ。主人徳川慶喜《しゆじんとくがはけいき》。東叡山菩提寺《とうえいざんぼだいじ》ニ恭順謹愼致《きようじゆんきんしんいた》シ居《を》リ。家士共《かしども》ニ厚《あつ》ク説諭《せつゆ》スト雖《いへ》ドモ。終《つひ》ニハ鎮撫行届《ちんぶゆきとゞ》カズ。或《あるひ》ハ朝意《てうい》ニ背《そむ》キ。又《また》ハ脱走不軌《だつそうふき》ヲ計《はか》ル者多《ものおほ》カラン。左《さ》スレバ主人徳川慶喜《しゆじんとくがはけいき》ハ。公正無《こうせいむ》二ノ赤心《せきしん》。君臣《くんしん》ノ大義《たいぎ》ヲ重《おも》ンズルモ。朝廷《てうてい》ヘ徹《てつ》セズ。余其《よそ》ノ事《こと》ヲ歎《なげ》キ。大總督宮《だいそうとくのみや》ヘ此事《このこと》ヲ言上《ごんじやう》シ。慶喜《けいき》ノ赤心《せきしん》ヲ達《たつ》セン爲《た》メ。是迄參《これまでまゐ》リシナリト。西郷《さいがう》氏曰《しいはく》。最早甲州《もはやかふしう》ニテ兵端《へいたん》ヲ開《ひらき》シ旨注進《むねちうしん》アリ。先生《せんせい》ノ言《い》フトコロトハ相違《さうゐ》ナリト云《い》フ。余曰夫《よいはくそれ》ハ脱走《だつそう》ノ兵《へい》ノナス所《ところ》ナリ。縱令兵端開《たとひへいたんひら》キタリトテ何《なん》ノ子細《しさい》モナシト云《い》ヒケレバ。西郷氏曰《さいがうしいはく》。夫《それ》ナレバヨシトテ後《あと》ヲ問《と》ハズ。余曰先生《よいはくせんせい》ニ於《おい》テハ。戦《たゝかひ》ヲ何途迄《どこまで》モ望《のぞ》マレ。人《ひと》ヲ殺《ころ》スヲ專《せん》一トセラル、カ。夫《それ》デハ王師《わうし》トハ云《い》ヒ難《がた》シ。天子《てんし》ハ民《たみ》ノ父母《ふぼ》ナリ。理非《りひ》ヲ明《あき》ラカニスルヲ以《もつ》テ王《わう》師《し》トスト。西郷氏曰《さいがうしいはく》。唯進撃《たゞしんげき》ヲ好《この》ムニアラズ。恭順《きようじゆん》ノ實効《じつかう》サヘ立《た》テバ。寛典《くわんてん》ノ御所置《ごしよち》アラン。

余日《よいはく》其實効《そのじつかう》ト云《い》フハ如何《いか》ナル事《こと》ゾ。勿論慶喜《もちろんけいき》ニ於《おい》テハ。朝命《てうめい》ハ背《そむ》カザルナリ。西郷氏曰《さいがうしいはく》。先《せん》日靜寛院宮天璋院殿《じつせいくわんゐんのみやてんしやうゐんでん》ノ使者來《ししやきた》リ。慶喜殿恭順謹愼《けいきどのきようじゆんきんしん》ノ事歎願《ことたんぐわん》スト雖《いへど》モ。只恐懼《たゞきやうく》シテ更《さら》ニ條理分《でうりわか》ラズ。空《むなし》ク立戻《たちもど》リタリ。先生是迄出張江戸《せんせいこれまでしゆつちやうえど》ノ事情《じゝやう》モ判然《はんぜん》シ。大《おほい》ニ都合《つがふ》ヨロシ。右《みぎ》ノ趣《おもむき》大總督《だいそうとくの》宮《みや》ヘ言上可レ致《ごんじやういたすべく》。此所《こゝ》ニ扣《ひか》ヘ居《を》ルベシトテ。宮《みや》ヘ伺候《しこう》ス。暫《しばら》クアリテ西郷氏歸營《さいがうしきえい》シ。宮《みや》ヨリ五箇條《かでう》ノ御書御下《ごしよおさ》ゲ有《あり》タリ。其文《そのぶん》ニ曰《いはく》。

一城《しろ》ヲ明渡《あけわた》ス事《こと》。
一城中《じやうちゆう》ノ人數《にんず》ヲ向島《むかふじま》ヘ移《うつ》ス事《こと》。
一兵器《へいき》ヲ渡《わた》ス事《こと》。
一軍艦《ぐんかん》ヲ渡《わた》ス事《こと》。
一徳川慶喜《とくがはけいき》を備前《びぜん》ヘ預《あづけ》ル事《こと》。

西郷氏曰《さいがうしいはく》。右《みぎ》ノ五ヶ條實効相立上《でうじつかうあひたつうへ》ハ。徳川家寛典《とくがはけくわんてん》ノ御所置《ごしよち》モ可レ有レ之《これあるべし》ト。余曰謹《よいはくつゝしん》デ　承《うけたまは》リタリ。然《しか》レドモ右《みぎ》五ヶ條《でう》ノ内《うち》ニ於《おい》テ。一ヶ條《でう》ハ拙者《せつしや》ニ於《おい》テ何分《なにぶん》ニモ御請難レ致旨有レ之候《おうけいたしがたきむねこれありそろ》。西郷氏曰夫《さいがうしいはくそれ》ハ何《なん》ノ箇條《かでう》ナルカ。余曰主人慶喜《よいはくしゆじんけいき》ヲ獨《ひと》リ備前《びぜん》ヘ預《あづけ》ル事《こと》。決《けつ》シテ相成《あひなら》ザル事《こと》ナリ。如何《いかん》トナレバ。此場《このば》ニ至《いた》リ徳川恩顧《とくがはおんこ》ノ家士《かし》。決《けつ》シテ承伏不レ致《しようふくいたさゞる》ナリ。詰《つま》ル所兵端《ところへいたん》ヲ開《ひら》キ。空《むな》シク數萬《すうまん》ノ生命《せいめい》ヲ絶《た》ツ。是王師《これわうし》ノナス所《ところ》ニアラズ。サレバ先生《せんせい》ハ只《たゞ》ノ人殺《ひとごろ》シナルベシ。故《ゆゑ》ニ拙者此條《せつしやこのでう》ニ於《おい》テハ決《けつ》シテ不肯《がへんぜざる》ナリ。西郷氏曰《さいがうしいはく》。朝命《てうめう》ナリ。余曰《よいはく》。タトヒ朝命《てうめい》タリト雖《いへど》モ。拙者《せつしや》ニ於《おい》テ決《けつ》シテ承伏《しようふく》セザルナリト断言《だんげん》ス。西郷氏又強《さいがうしまたしひ》テ　朝命《てうめい》ナリト云《いふ》。余曰然《よいはくしか》レバ先生《せんせい》ト余《よ》ト。其位置《そのゐち》ヲ易《か》ヘテ暫《しばら》ク之《これ》ヲ論《ろん》ゼン。先生《せんせい》ノ主人島津公《しゆじんしまづこう》。若誤《もしあやま》リテ朝敵《てうてき》ノ汚名《をめい》ヲ受《う》ケ。官軍征討《くわんぐんせいたう》ノ日《ひ》ニ當《あた》リ。其君恭順謹愼《そのきみきようじゆんきんしん》ノ時《とき》ニ及《およ》ンデ。先生余《せんせいよ》ガ任《にん》ニ居《を》リ。主家《しゆか》ノ爲《た》メ盡力《じんりよく》スルニ。主人慶喜《しゆじんけいき》ノ如《ごと》キ御所置《ごしよち》ノ　朝命《てうめい》アラバ。先生其命《せんせいそのめい》ヲ奉戴《ほうたい》シ。速《すみや》カニ其君《そのきみ》ヲ差出《さしだ》シ。安閑《あんかん》トシテ傍觀《ばうくわん》スル事《こと》。君臣《くんしん》ノ情《じやう》。先生《せんせい》ノ義《ぎ》ニ於《おい》テ如何《いかん》ゾヤ。此儀《このぎ》ニ於《おい》テハ鐵太郎決《てつたらうけつ》シテ忍《しの》ブ事能《ことあた》ハザル所《ところ》ナリト激論《げきろん》セリ。西郷氏默然暫《さいがうしもくぜんしばら》クアリテ曰《いはく》。先生《せんせい》ノ説尤《せつもつと》モ然《しか》リ。然《しか》ラバ即徳川慶喜殿《すなはちとくがはけいきどの》ノ事《こと》ニ於《おい》テハ。吉之助屹《きちのすけきつ》ト引受《ひきう》ケ取計《とりはから》フベシ。先生必《せんせいかなら》ズ心痛《しんつう》スル事《こと》ナカレト誓約《せいやく》セリ。後《のち》ニ西郷氏余《さいがうしよ》ニ謂《い》フ。先生官軍《せんせいくわんぐん》ノ陣營《ぢんえい》ヲ破《やぶ》リ此《こゝ》ヘ來《きた》ル。縛《ばく》スルハ勿論《もちろん》ナレドモ縛《ばく》サズト。余答曰《よこたへていはく》縛《ばく》ニツクハ余《よ》ガ望《のぞ》ムトコロ。早《はや》ク縛《ばく》スベシト。西郷氏笑《さいがうしわら》テ曰《いはく》。先《ま》ヅ酒《さけ》ヲ酌《くま》ント。數杯《すうはい》ヲ傾《かたむ》ケ暇《いとま》ヲ告《つぐ》レバ。西郷氏大總督府陣營通行《さいがうしだいそうとくふぢんえいつうかう》ノ符《ふ》ヲ與《あた》フ。之《これ》ヲ請《うけ》テ去《さ》ル。歸路急行《きろきふかう》。神奈川驛《かながはえき》ヲ過《すぐ》ル頃《ころ》。乘馬《じようば》五六匹《ぴき》ヲ牽《ひ》キテ行《ゆく》アリ。何《いづ》レノ馬《うま》ナルカト尋《たづ》ネシニ。江川太郎左衛門《えがはたろざゑもん》ヨリ出《いだ》ス所《ところ》ノ官軍用馬《くわんぐんようば》ナリト。其馬《そのうま》二匹《ひき》ヲ借《か》ルベシト云《い》ヒ。直《たゞ》チニ益滿《ますみつ》ト共《とも》ニ其馬《そのうま》ニ跨《また》ガリ。馳《はせ》テ品《しな》川驛《がはえき》ニ到《いた》ル。官軍先鋒既《くわんぐんせんぼうすで》ニ同驛《どうえき》ニ在《あ》リ。番兵余《ばんぺいよ》ニ馬《うま》ヲトヾメヨト云《い》フ。余《よ》不レ聞《きかず》シテ行《ゆ》ク。急《きふ》ニ二三名走《めいはし》リ來《きた》リ。一人余《にんよ》ガ乘《のり》タル馬《うま》ノ平首《ひらくび》ニ銃《じゆう》ヲ當《あ》テ。胸間《きようかん》ヘ向《む》ケ放發《はうはつ》セリ。奇《き》ナル哉《かな》。

雷管發《らいくわんはつ》シテ弾丸發《だんぐわんはつ》セズ。益満《ますみつ》驚《おどろ》キテ馬《うま》ヨリ下《くだ》リ。其兵《そのへい》ノ持《もち》タル銃《じゆう》ヲ打落《うちおと》シ。西郷氏《さいがうし》ニ應接《おうせつ》ノ云々《うんぬん》ヲ示《しめ》スニ聞《きか》ズ。伍長體《ごちやうてい》ノ人《ひと》出《い》デ來《きた》リ。其兵士《そのへいし》ヲ諭《さと》ス。兵不伏《へいふふく》ナガラ退《しりぞ》ク。（薩藩山本某ト云フ人ナリ）若銃弾發《もしじゆうだんはつ》スレバ其所《そこ》ニテ死《し》スベシ。幸《さいはひ》ニ天《てん》ノ余《よ》ガ生命《せいめい》ヲ保護《ほご》スル所《ところ》ナランカト。益満《ますみつ》ト共《とも》ニ馬上《ばじやう》ニ談《だん》ジ。急《いそ》ギ江戸城《えどじやう》ニ歸《かへ》リ。即《すなは》チ大總督宮《だいそうとくのみや》ヨリ御下《おさ》ゲノ五ケ條《でう》。西郷氏《さいがうし》ト約《やく》セシ云々《うんぬん》ヲ。詳《つまびら》カニ參政大久保《さんせいおほくぼ》一翁《をう》勝安房《かつあは》等《ら》ニ示《しめ》ス。兩氏其他《りやうしそのた》ノ重臣《ぢゆうしん》。官軍徳川《くわんぐんとくがは》ノ間《あひだ》。事情貫徹《じじやうくわんてつ》セシ事《こと》ヲ喜《よろこ》ベリ。舊主徳川慶喜《きうしゆとくがはけいき》ノ欣喜言語《きんきごんご》ヲ以《もつ》テ云《い》フベカラズ。直《たゞ》チニ江戸市中《えどしちう》ニ布告《ふこく》ヲナシタリ。其大意《そのたいい》如レ此《かくのごとし》。大總督府下參謀西郷吉之助殿《だいそうとくふかさんぼうさいがうきちのすけどの》へ應接相濟《おうせつあひすみ》。恭順謹愼《きようじゆんきんしん》實効相立候上《じつかうあひたちさふらふうへ》ハ。寛典《くわんてん》ノ御所置相成候《ごしよちあひなりそろ》ニ付《つき》。市中《しちう》一同動揺不レ致《どうどうえういたさず》。家業可レ致《かげふいたすべし》トノ高札《かうさつ》ヲ。江戸市中《えどしちう》ニ立《た》ツ。是《こゝ》ニ於《おい》テ市中《しちう》ノ人民少《じんみんすこ》シク安堵《あんど》ノ色《いろ》アリ。是《これ》ヨリ後西郷氏江戸《のちさいがうしえど》ニ著《ちやく》シ。高輪薩摩邸《たかなわさつまてい》ニ於《おい》テ西郷氏《さいがうし》ニ。勝安房《かつあは》ト余《よ》ト相會《あひくわい》シ。共《とも》ニ前日約《ぜんじつやく》セシ四ケ條必《でうかなら》ズ實効《じつかう》ヲ可レ奏《そうすべし》ト誓約《せいやく》ス。故《ゆゑ》ニ西郷氏承諾進軍《さいがうししようだくしんぐん》ヲ止《とゞ》ム。此時徳川家《このときとくがはけ》ノ脱兵《だつぺい》ナルカ。軍装《ぐんさう》セシ者同邸《ものどうてい》ナル後《うしろ》ノ海《うみ》ニ。小舟《こぶね》七八艘《そう》ニ乘組《のりくみ》。凡《およ》ソ五十人計《にんばか》リ同邸《どうてい》ニ向《むか》ヒ寄《よ》セ來《きた》ル。西郷氏《さいがうし》ニ附屬《ふぞく》ノ兵士《へいし》。事《こと》ノ出《いで》來《きた》ルヲ驚《おどろ》キ奔走《ほんそう》ス。安房《あは》モ余《よ》モ之《これ》ヲ見《み》テ如何《いか》ナル者《もの》カト思《おも》ヒタリ。西郷氏神色自若《さいがうししんしよくじじやく》。余《よ》ニ向《むか》ヒ笑《わらつ》テ曰《いはく》。私《わたくし》ガ殺《ころ》サレルト。兵隊《へいたい》ガフルヒマスト云《いひ》タリ。其言《そのこと》ノ確乎《くわくこ》トシテ不レ動事《どうぜざること》。眞《しん》ニ感《かん》ズベキナリ。暫時《しばらく》アリテ其兵《そのへい》ハ何《いづ》レヘカ去《さ》ル。全《まつた》ク脱兵《だつぺい》ト見《み》エタリ。如レ此《かくのごとき》ノ勢《いきほひ》ナレバ西《さい》郷氏《がうし》應接《おうせつ》ニ來《きた》ル毎《ごと》ニ。余《よ》往返《わうへん》ヲ護送《ごそう》ス。徳川家《とくがはけ》ノ兵士《へいし》議論《ぎろん》百端《たん》殺氣《さつき》云《い》フ可《べか》ラザルノ秋《とき》。若《も》シ西郷氏《さいがうし》ヲ途中《とちゆう》ニ殺《ころ》サント謀《はか》ル者《もの》アレバ。余前約《よぜんやく》ニ對《たい》シ甚《はなは》ダ之《これ》ヲ耻《は》ヅ。萬一不慮《ふりよ》ノ變《へん》アル時《とき》ハ。西郷氏《さいがうし》ト共《とも》ニ死《し》セント心《こゝろ》ニ盟《ちかひ》テ護送《ごそう》セリ。此日大總督府下參謀《このひだいそうとくふかさんぼう》ヨリ。急御用有レ之出頭《きふごようこれありしゆつとう》スベシトノ御達《おたつし》アリ。余出頭《よしゆつとう》セシニ。村田新《むらたしん》八出來《いできた》り。先日官軍《せんじつくわんぐん》ノ陣營《ぢんえい》ヲ足下猥《そくかみだり》ニ通行《つうかう》ス。其旨《そのむね》先鋒隊《せんぽうたい》ヨリ報知《はうち》ス。我《われ》ト中村半次郎《なかむらはんじらう》ト。足下《そくか》ヲ跡《あと》ヨリ追付切殺《おひつききりころ》サントセシガ。足下早《そくかはや》クモ西《さい》郷方《がうかた》へ到《いた》リ面會《めんくわい》セシニ依《より》テ切損《きりそん》ジタリ。餘《あま》リ殘念《ざんねん》サニ呼出《よびだ》シ是《これ》ヲ云《い》ヘルノミ。別《べつ》ニ御用向《ごようむき》ハ無《な》シト云《い》フ。予曰《よいは》クソレハサモ有《ある》ベシ。予《よ》ハ江戸兒《えどつこ》ナリ足《あし》ハ尤《もつと》モ早《はや》シ。貴君方《きくんがた》ハ田舎者《ゐなかもの》ニテノロマ男故《をとこゆゑ》。予《よ》ガ早《はや》キニハトテモ及《およ》ブマジト云《い》フテ。共《とも》ニ大笑《おほわら》ヒシテ別《わか》レタリ。兩士《りやうし》モ其時《そのとき》軍監《ぐんかん》ニテ陣營《ぢんえい》ヲ護《まも》リナガラ。卒然其職務《そつぜんそのしよくむ》ヲ失《しく》ジリシヲ遺憾《ゐかん》ニ思《おも》ヒシト見《み》エタリ。如レ此《かくのごとき》ノ形《けい》勢《せい》ナレバ。予輩鞠躬盡《よはいきくきうじんりよく》カシテ。以《もつ》テ舊主徳川慶喜《きうしゆとくがはけいき》ガ君臣《くんしん》ノ大義《たいぎ》ヲ重《おも》ンズルノ心《こゝろ》ヲ體認《たいにん》シ。謹《つゝしん》デ四ケ條《でう》ノ實効《じつかう》ヲ奏《そう》シ。且《かつ》百般《はん》ノ難件《なんけん》ヲ所置《しよち》スル者《もの》。是《こ》レ則《すなは》チ予《よ》ガ國家《こくか》ニ報《むく》ユル所以《ゆゑん》ノ微意《びい》ナリ。

明治十五年三月

山岡鐵太郎誌

【現代語訳】

慶應戊辰三月駿府大総督府ニ於イテ西郷隆盛氏ト談判筆記

戊辰の年、官軍が我が旧主徳川慶喜を征討される折、官軍と徳川の間の関係は途絶え、旧主家の者はどうにもなすすべがなく、論議はもつれにもつれ、首脳部のうちには一人として慶喜の恭順の意を大総督宮（東征大総督の任にあった有栖川宮熾仁親王《ありすがわのみやたるひと》）に訴えようとする者もなく、日夜焦心にかられ苦慮するだけであった。譜代の家臣数万人に至っても論議は一定せず、官軍に抗戦しようとする者もあれば、脱走して何事かを企てようとする者もあり、その情勢は言語に尽くせぬ有様であった。旧主の徳川慶喜は、恭順の意から謹慎し、朝廷に対して公正無二の赤心をおいていたから、譜代の家臣等に対しても同様に恭順謹慎の体であるべきことを厳命し、もし背いて何事かを謀る者がいるのであれば、それは自分に刃を向けるのと同じであると通達していた。

そこでわたしは旧主に「今日の切迫した時勢において、恭順をお示しになるのはどのようなお考えによるものなのか」と問うた。旧主は、「自分は朝廷に対して公正無二の赤心をもって謹慎しているといえども、朝敵として征討の命が下った上は、とても自分の生命を全うすることはかなうまい。これほどまでに衆人に憎まれてしまったことは、返す返すも嘆かわしいことである」と言って涙をこぼされる。わたしが旧主に「何をそんな弱気でつまらぬことを言われるのか。謹慎しているというのは偽りではないのか。何かほかにたくらんでいることがおありではないのか」と言うと、旧主は「自分にふたごころはない。どんなことであっても朝廷の命令に対しては背かない無二の赤心があるだけである」と言われるので、わたしは次のように断言した。「真の誠意をもっての謹慎であられるならば、朝廷にしっかりと届かせて、御疑念を氷解していただくのは当然のことです。鐵太郎が、そこのところは確かにお引き受けし、必ずや赤心が届くように力を尽くします。鐵太郎の眼の黒いうちは、決して御心配には及びません」と。

その後、自ら天地に誓い、死を覚悟して、ただ一人で官軍の陣営の中に入って大総督宮へこの誠心を言上し、国家のためにことを無事に収めようと思ったのであった。大総督府の本営に至るまでに、もし自分の命を奪う者があったなら、非はその者にある。わたしは国家百万の生霊に代わってことに及ぶのであるから、生命を捨てることになろうと、それはもとよりわたしの望むところである。心のうちは青天白日のごとく、この一点の曇りもない赤心を、一、二の重臣に打ち明けるものの、絶対にうまくいくはずがないということで賛成を得られない。時の軍事総裁であった勝安房は、面識はなかったのだが、かねてより大胆で知略のある人物だと聞いていたので、訪ねていってわたしの計画を相談した。勝安房は、わたしが粗暴だという噂のためか、やや不信の色を浮かべていた。勝安房がわたしに尋ねたのは、「貴殿はどのような方法でもって官軍の陣営の中に入っていくのか」ということであり、わたしは、「官軍の陣営の中に入れば、斬られるか捕縛されるかのどちらかしかないだろう。その時に至っては両刀を渡し、捕縛しようとするのであれば縛につき、斬ろうとするのであれば、『わたしの考えを一言、大総督宮に言上させてくれ。もし、その言が否ということであれば、すぐにでも首を刎ねればいい。その言を是とするのであれば、この処置はわたしに任せてくれ』と言うだけである。是非を問わないで、ただ意味なく人を殺す道理があるものでもないだろう。決して難しいことではないはずである」と答えた。勝安房はわたしの気持ちが揺らがないものであることを見てとって、はっきりと同意を示し、思うままにするようわたしに任されたのである。

それからわたしが家に帰ると、薩摩の益満休之助がやって来て同行させてほしいと言う。そこで同行を承諾し、すぐに駿府に向かって急いだ。六郷川を渡ればすでに官軍の先鋒が達しており、左右に銃隊が並ぶ。その中央を通っていったのだが、止める者はいなかった。隊長の宿営と思われる家に至ったので、案内を請わずに中に入り、隊長を探したところ、そうと思われる人がいた（後に聞けば、篠原国幹《しのはらくにもと》であった）。すぐに大声で「朝敵徳川慶喜の家来、山岡鐵太郎。大総督府に行く！」と断ると、その人は「徳川慶喜、徳川慶喜」と二度ほど小声で言うのみ。この家に居合わせたのは、およそ百人ほどと思われたが、誰もなんとも言わない。ただわたしのほうを見ているばかりである。そこでその家を出て、すぐに横浜のほうに急ぐ。そのとき、益満も後ろについて来ていた。横浜を過ぎて神奈川の駅に着くと、長州の隊となった。兵士は旅営に入り、駅の前後に番兵を出している。ここでは益満を前に出してわたしは後ろに従い、薩州藩と名乗って急ぎ行くに、全く阻む者はいなかった。それよりは薩藩と名乗るようにすると、通行手形の類いがなくとも、丁寧に通してくれた。小田原の駅に着いた頃、江戸のほうで戦端が開いたということで、斥候の連中が路上に絶えず、東に向かって出掛けていった。「戦争はどこで始まったのだ」と尋ねると、「甲州の勝沼のあたりだ」と言う。近藤勇が甲州に脱走したと噂には聞いていたが、はたしてそれであろうと推測した。

昼夜兼行で駿府に到着、伝馬町の某家を旅営としていた大総督府参謀の西郷吉之助のもとに行って面会を求めた。西郷氏は異議を呈することなく会ってくれた。わたしが西郷氏の名を耳にしてからずいぶん経っていたが、これまで面識を持つ機会はなかった。西郷氏に尋ねてわたしが言ったことは、「先生、この度の朝敵征討のご意向は、是非を論じることなく進撃されるということでしょうか。我が徳川家にも多数の兵士がおります。是非に関わりなく進軍するというのであれば、主人の徳川慶喜は東叡山の菩提寺に恭順の意から謹慎しており、家臣どもに深く言って聞かせてはいるものの、説諭が行き届かず、朝廷の意見に背いたり、脱走して反逆を企てる者も多いことでしょう。そうなると主人の徳川慶喜は、公正無二の赤心をもち、君臣の大義を重んじるも、その心が朝廷に届かなくなってしまいます。わたしはそのことを嘆き、大総督宮にこのことを言上して慶喜の赤心を届けんがために、ここまで参ったのです」というものだったが、西郷氏は、「すでに甲州で戦端が開いた旨の報告がありました。先生が言うところとは違っております」と言う。わたしが「それは脱走兵のしたことです。たとえ戦端が開いたとしても、何の仔細もないことです」と言うと、西郷氏は「それならば結構」と言ってその後は問わない。わたしが「先生においては、戦いをどこまでも望まれ、人を殺すことだけに力を注ごうとされるのか。それでは天子の軍隊とは言いがたい。天子は民の父母です。理非を明らかにすることこそ天子の軍隊がすべきことです」と言うと、西郷氏は「ひたすら進撃を望んでいるのではありません。恭順の実効さえ立てば、寛大な御処置があるでしょう」と言う。わたしが「その実効というのはどういうことですか。もちろん慶喜は朝廷の命令に背くことはありません」と言うと、西郷氏は「先日、静寛院宮（孝明天皇の妹で、十四代将軍家茂夫人の和宮）と天璋院殿（十三代将軍家定夫人）の使者が来られ、慶喜殿の恭順謹慎の事情を訴えて嘆願されたのだが、ただ恐れ畏まるのみでいっこうに筋道が見えず、空しく戻っていかれることと相成りました。先生がここまで来られたおかげで江戸の事情もはっきりとわかり、大いに都合のよろしいことでした。御趣旨を大総督宮に言上しますので、しばらくここに控えていてください」と言って宮のもとへ上がっていった。しばらくすると西郷氏は戻ってきたが、宮より五箇条の御書が下されたのであった。その文面にあったのは、次のようなものである。

一　城を明け渡すこと
一　城中の人数を向島に移すこと
一　兵器を渡すこと
一　軍艦を渡すこと
一　徳川慶喜を備前へ預けること

西郷氏は「この五箇条が実行されれば、徳川家に対する寛大な御処置もあることでしょう」

と言う。わたしが「謹んで承ります。しかしながら、この五箇条において、一箇条についてはわたしとしてはどうしてもお受けしがたい旨があります」と言うと、西郷氏は「それはどの条項ですか」と訊く。わたしが「主人の慶喜一人を備前へ預けること、これは決してなすべきではありません。というのも、そうなった場合には徳川に恩顧を受けた家臣たちが決して承服をしないからです。つまり、合戦が起こり、いたずらに数万の生命が失われます。これは天子の軍隊のすることではありません。そうなってしまっては先生は単なる人殺しでしかありません。したがって、わたしとしては、この条項だけはどうしても承知するわけにはまいりません」と答えると、西郷氏は「朝命です」と言う。わたしはきっぱりと、「たとえ朝命であっても、わたしとしては、決して承知するわけにはいきません」と言う。西郷氏は語気を強めて、再び「朝命です」と繰り返す。わたしは、「ならば、先生とわたしとその立場を入れ替えて少し考えてみましょう。先生の主人である島津公が、もし間違って朝敵の汚名を着せられながらも、官軍が征討に向かう日には恭順謹慎しており、しかも先生がわたしと同様の任にあって主家のために尽力している時に、主人の慶喜に対するがごとき処置の命令が朝廷から下ったら、先生はその命令を謹んでお受けになり、さっさと主君を差し出して安閑としていることを、君臣の情、先生の義というものからみてどうお考えでしょうか。このことは、鐵太郎には決して忍ぶことのできないことです」と激しく論じる。西郷氏はしばらく黙然としていたが、口を開くと、「先生の説はもっともなことです。徳川慶喜殿のことについては、この吉之助が確かに引き受け、取り計らいます。先生にはご心痛に及びません」と約した。しばらくして西郷氏がわたしに言ったのは、「先生は官軍の陣営を破ってここに来ました。本来は捕縛すべきところなれども、よしておきましょう」というもの。わたしが「縛につくのは望むところです。早く縛ってもらいましょう」と答えると、西郷氏は笑って、「まずは酒を酌みましょう」と言う。数杯を傾けて暇を告げれば、西郷氏は大総督府陣営の通行手形をくれたので、これをもらって退去した。

帰路を急いでいると、神奈川の駅を過ぎる頃、馬を五、六頭引いていくのに会った。どこの馬かと尋ねると、江川太郎左衛門から官軍に供出される馬だと言うので、「そのうちの二頭を借りる」と言って、すぐに益満とともにその馬にまたがり、駆けて品川の駅に着いた。官軍の先鋒はすでに品川の駅に至っていて、番兵がわたしに「馬を止めよ」と言う。わたしが聞こえないふりをして行こうとすると、急に二、三名が走り来て、うち一人がわたしの乗っている馬の平首に銃をあて、わたしの胸のあたりに向けて発砲した。不思議なことに、雷管は発火したが、弾丸は発射しなかった。益満は驚いて馬から下り、その兵士の持っていた銃をたたき落として、西郷氏と会ってきた件を述べるも兵士は聞き入れない。伍長といった体の人が出て来て、その兵士を諭すと、兵は不承不承退いた（その人は薩藩の山本某という人である）。もし銃弾が発射していれば、そこで死んでいたはずである。幸いにも天がわたしの生命を保護してくれているのだろうと、益満と馬上で言葉を交わし、急いで江戸城に帰って、すぐに大総督宮より下された五箇条と、西郷氏との約束について、詳しく参政大久保一翁、勝安房等に報告した。両氏やその他の重臣たちは、官軍と徳川方の間に事情の共有がなったことを喜んだ。旧主徳川慶喜の喜びようは言葉に尽くせないほどで、早速江戸市中に布告を発した。その大意は次のようなもので、「大総督府参謀の西郷吉之助殿への交渉が済み、恭順謹慎の実効が立てば、寛大な御処置がなされることとなったので、市中一同の者は動揺することなく、家業を行うこと」といった内容の高札を江戸市中に立てたのであった。これによって市中の人々に多少の安堵の色が浮かんだようであった。

この後、西郷氏が江戸に到着し、高輪の薩摩藩邸において勝安房とわたしが西郷氏に会い、二人とも過日約した四箇条が必ず実効のあるものとなるよう誓約したので、西郷氏も承諾して進軍を止めさせたのである。この時、徳川家の脱走兵であろうか、軍装した者が藩邸の後ろの海に、小舟七、八艘に乗り込んで現れ、およそ五十人ほどで藩邸に向かって寄せて来た。

西郷氏に付いていた兵士は、突然の事態に驚いて走り回る。勝安房もわたしもこれを見て、いったい彼らは何者かと思ったことであった。西郷氏は神色自若、落ち着いたもので、わたしに向かって笑いかけ、「わたしが殺されると、兵隊が勇み立ちますよ」と言う。その言葉が確固として不動であるのは、まことに感嘆すべきであった。しばらくすると、その兵たちはどこかへ去っていった。やはり脱走兵であったと思われる。このような情勢であったので、西郷氏が会談に臨むたびに、わたしはその往き帰りの護衛にあたった。徳川家の兵士においては議論も様々で、その殺気は言いようがないほどであり、もし西郷氏を途中で殺そうと企てる者がいれば、わたしにとってそれは先だっての約束の手前、甚だ恥となる。万一、不慮の事態が出来《しゅったい》した時は、西郷氏とともに死ぬ覚悟で護衛をした。この日、大総督府の参謀より、急ぎの用があるので出頭すべし、とのお達しがあった。わたしが出頭すると、村田新八が出て来て、「先日、官軍の陣営をあなたは勝手に通っていった。その旨を先鋒隊が知らせてきたので、俺と中村半次郎とで追いかけて斬り殺そうとしたが、あなたはとっとと西郷のところへ行って面会してしまったので斬り損じてしまった。あまりの口惜しさに呼び出してこのことを伝えたかっただけだ。別に御用の向きはない」と言う。わたしは、「それはそうであろう。わたしは江戸っ子で足は当然速いのだ。あなたがたは田舎者でのろま男だから、わたしの速さにはとても及ばないだろう」と言って、ともに大笑いして別れた。二人ともその時は軍監という立場で陣営を護っていたので、不覚にも職務をしくじったことを遺憾に思っていることが見てとれた。

このような状況のなかで、わたしが骨折り力を尽くすことで、旧主徳川慶喜の君臣の大義を重んずる心をしっかりと我が身に刻み込み、謹んで四箇条の約束の実効を成し遂げ、百般の難題を解決したことは、畢竟、わたしなりに国家に報いようというささかの志なのである。

明治十五年三月　　山岡鐵太郎　誌

【原文】

慶應戊辰四月東叡山に屯集する彰義隊及諸隊を解散せしむべき上使として赴むき覺王院と論議の記

今日公命《こんにちこうめい》を奉《ほう》じ來《きた》る所以《ゆゑん》のものは。前幕下《ぜんばくか》　朝廷《てうてい》に對《たい》し。恭順謹慎《きようじゆんきんしん》を表《へう》せられしに。誰《たれ》の命《めい》ずるありて。彰義隊及諸隊此山《しやうぎたいおよびしよたいこのやま》に屯集《とんしふ》するや。此際嫌疑少《このさいけんぎすく》なからず。覺王院速《かくわうゐんすみやか》に其《そ》れ之《これ》を解《かい》散《さん》せしむべし。覺王院曰《かくわうゐんいはく》。事既《ことすで》に茲《こゝ》に到《いた》る。何《なん》ぞ其《そ》れ容易《ようい》ならん。苟《いやしく》も志《こゝろざ》しあらん者《もの》の期《き》せずして相集《あひあつま》り。各自主家《かくじしゆか》に報効《はうかう》する所以《ゆゑん》にして。唯前幕下《たゞぜんばくか》の爲《た》めに守衛《しゆゑい》するには非《あら》ず。東照《とうせう》宮《ぐう》より歴代《れきだい》の神靈《しんれい》と。當宮《たうみや》を警衛《けいゑい》するに在《あ》り。而《しか》して此危急存亡《このききふそんばう》を坐視《ざし》するに忍《しの》びず。是《こゝ》を以《もつ》て遽《にはか》に諸隊解散《しよたいかいさん》の命《めい》を奉《ほう》じ難《がた》し。予曰大總督府參謀《よいはくだいそうとくふさんぼう》と應接已《おうせつすで》に結了《けつれう》して。城郭及海陸軍器《じやうくわくおよびかいりくぐんき》等悉皆《とうしつかい》　朝廷《てうてい》に獻納《けんなふ》す。此《こ》れ則《すなは》ち　天位《てんゐ》を尊《たつと》び國體《こくたい》を重《おも》んずるなり。抑徳川家祖先以來《そも〳〵とくがはけそせんいらい》。殆《ほとん》ど三百年天下泰平《ねんてんかたいへい》に歸《き》す。其功業徳澤歴々《そのこうげふとくたくれき〳〵》として炳焉《いちじ》るし。今之《いまこれ》を失墜《しつつゐ》せざらんと欲《ほつ》せば。君臣《くんしん》の名分《めいぶん》を明《あきらか》にし。蒼生《さうせい》の難苦《なんく》を救《すく》はざる可《べか》らず。前幕下《ぜんばくか》の至誠此《しせいこゝ》に在《あ》り。故《ゆゑ》に其守衛《そのしゆゑい》を除《のぞ》くの外《ほか》。各自組織《かくじそしき》する所《ところ》の兵隊《へいたい》は決《けつ》して許《ゆる》す可《べ》からず。速《すみやか》に解散《かいさん》の命《めい》を奉《ほう》ずべし。覺王院《かくわうゐん》怫然《ふつぜん》として曰《いはく》。斯《か》る癡言呆語《ちげんはうご》は聴《き》くに耐《た》へざるなり。今日《こんにち》の事《こと》。名《な》は　朝廷《てうてい》と雖《いへど》も。實《じつ》は薩《さつ》長《ちやう》に誑惑《わうわく》せられたるにて。朝廷《てうてい》にはあらず。貴殿《きでん》は世々《よゝ》徳川家《とくがはけ》の恩澤《おんたく》に沐浴《もくよく》して一朝之《てうこれ》を忘《ばう》却《きやく》するか。徳川家祖先《とくがはけそせん》も。豫《あらか》じめ後世《こうせい》に此事《このこと》あるを知《し》り。此山《このやま》を經營《けいえい》し。皇族《くわうぞく》を以《もつ》て之《これ》に主《しゆ》たらしめしなり。且《か》つ一幅《ぷく》の錦旗《きんき》を日光山《につくわうざん》に藏《をさ》めたるは。若《も》し　朝廷殘暴《てうていざんばう》にして禍亂《くわらん》を作《な》すの變《へん》あるときは。當宮《たうみや》を以《もつ》て之《こ》れに易《か》へ。萬民《みん》を安《やす》んずるの意《い》なり。貴殿《きでん》の如《ごと》き軟弱《なんじやく》にして恩《おん》を知《し》らざるものは。徳川《とくがは》の賊臣《ぞくしん》にして之《これ》を蜂腰士《はちごしさむらひ》と云《い》はずや。予曰《よいはく》前幕下《ぜんばくか》は思慮深遠《しりよしんゑん》にして。貴僧《きそう》の如《ごと》き頑鈍《ぐわんどん》の者《もの》の窺《うかゞ》ひ知《し》る所《ところ》にあらず。朝命《てうめい》に違《たが》ひ國體《こくたい》を亂《みだ》すことを恐《おそ》れ。且《か》つ方今《はうこん》は内國《ないこく》のみのことにあらず。萬國《こく》の交際多事《かうさいたじ》なり。名正《なたゞ》しくして言順《ことしたが》はざれば禦侮《ぎよぶ》の道《みち》立《た》たず。況《いはん》や一朝《てう》の忿《いか》りを以《もつ》て。數代蒼生《すうだいさうせい》を安《やすん》ぜし積徳《せきとく》の祖宗《そそう》に汚辱《をじよく》を與《あた》ふべからず。是《こゝ》に於《おい》てか。貴僧《きそう》が順逆《じゆんぎやく》を辨《べん》ぜず是非《ぜひ》を分《わか》たず。紛々紜々《ふん〱うん〱》口吻《こうふん》に任《まか》せて罵詈《ばり》を極《きは》むるも。予《よ》は敢《あへ》て取《と》らず。徹頭徹尾《てつとうてつび》此山《このやま》に屯集《とんしふ》する兵隊《へいたい》を渙散《くわんさん》せずば已《や》まざるなり。覺王院曰《かくわうゐんいはく》。貴殿《きでん》は萬國《こく》の交際《かうさい》を擧《あ》げ内國《ないこく》の事情《じじやう》を説《と》けり。聞《き》くが如《ごと》く。貴殿《きでん》は大目付《おほめつけ》にして眼球巨大《がんきうきよだい》なる故《ゆゑ》に。萬國《こく》と内國《ないこく》の條理明白《でうりめいはく》なるべし。愚僧《ぐそう》は山中暦日《さんちゆうれきじつ》なしにて。世界《せかい》の形勢《けいせい》に於《お》ける總《す》べて知《し》らざるなり。唯《た》だ徳川家《とくがわけ》の盛運《せいうん》を謀《はか》るのみ。他事《たじ》に至《いた》りては復《ま》た何《なん》ぞ管《くわん》せん。東照宮《とうせうぐう》の神慮如何《しんりよいかん》と顧《かへり》みれば。愚僧《ぐそう》が人間界《にんげんかい》に在《あ》らん涯《かぎ》りは。執着止《しふぢやくや》むべからず。予曰《よいはく》僧侶《そうりよ》は人《ひと》を救《すく》ひ亂《らん》を治《をさ》むるを以《もつ》て慈悲《じひ》の本願《ほんぐわん》とす。知《し》らずや前幕下《ぜんばくか》は人《ひと》の生命《せいめい》を救《すく》ひ。世《よ》の無事《ぶじ》を圖《はか》ることを。貴《き》僧《そう》は到底《たうてい》我意《がい》を張《は》り。東照宮《とうせうぐう》の神慮《しんりよ》を矯飾《けうしよく》して。其後裔《そのこうえい》に於《おい》ては關《くわん》せずとするや。覺王院曰《かくわうゐんいはく》。予《よ》は當宮《たうみや》に隨從《ずゐじゆう》す。前幕下《ぜんばくか》に於《おい》ては敢《あへ》て關《くわん》せず。彰義隊及諸隊《しやうぎたいおよびしよたい》も亦然《またしか》り。其隊《そのたい》たる前幕下《ぜんばくか》の命《めい》を以《もつ》て編成《へんせい》する者《もの》に非《あら》ず。此《こ》れ則《すなは》ち宮《みや》を衛《まも》るの證《しよう》なり。且《か》つ貴殿《きでん》には大總督宮《だいそうとくのみや》々々々と云《い》はる丶が。當宮《たうみや》も宮《みや》なり。何《なん》の差別《しやべつ》か之《こ》れあらん。予曰《よいはく》噫然《あゝしか》り噫然《あゝしか》るか。貴僧《きそう》の思搆《しこう》する所乃判然《ところすなはちはんぜん》たり。專《もつぱ》ら宮《みや》を衛《まも》るなれば徳川家《とくがはけ》に與《あづ》かる所《ところ》なし。果《はた》して前幕下《ぜんばくか》を衛《まも》る無《な》きか。覺王院曰《かくわうゐんいはく》然《しか》り。予曰貴僧《よいはくきそう》の抗辨已《かうべんすで》に了《れう》せり。予敢《よあへ》て遏《とゞ》めず。直《たゞち》に其決答《そのけつたふ》を大總督宮《だいそうとくのみや》に告《ま》をさん。彰義隊及諸隊《しやうぎたいおよびしよたい》は徳川家《とくがはけ》の兵隊《へいたい》に非《あら》ずと。然《しか》る後貴僧《のちきそう》の欲《ほつ》する所《ところ》に隨《したが》ひ。之《これ》を指揮《しき》して以《もつ》て兩《りやう》宮《みや》の一戰《せん》を試《こゝろ》むべし。而《しかう》して此戰《このたゝかひ》に於《おい》ては徳川家《とくがはけ》に關係《くわんけい》あるなきの確證《くわくしよう》を出《いだ》せ。覺王院曰《かくわうゐんいはく》。妄《みだ》りに戰爭《せんさう》を好《この》むにあらず。愚僧此大事《ぐそうこのだいじ》に遭《あ》ふや中心切迫《ちゆうしんせつぱく》して暴論《ばうろん》を吐《は》きしなり。其不敬《そのふけい》に渉《わた》る者《もの》は請《こ》ふ許《ゆ》るせ。貴殿一《きでんひと》たび去《さ》らば。踵《くびす》を旋《めぐ》らさず此山《このやま》まさに戰地《せんち》となるべし。高諭或《かうゆあるひ》は感《かん》ずる所《ところ》あり。猶《なほ》一言《ごん》を陳《ちん》ぜん請《こ》ふ暫《しば》らく止《とゞ》まれ。予曰何《よいはくなん》ぞ前《まへ》には剛《がう》にして後《のち》には怯《きよ》なるや。已《すで》に決心《けつしん》を示《し》めす。今將《いまは》た何《なに》をか言《い》はん。断然戰《だんぜんたゝか》ふべし。予《よ》は前幕下《ぜんばくか》の慈仁《じじん》を伸張《しんちやう》せんと欲《ほつ》するのみ。背《そむ》くものは留《とゞ》めず。諸隊《しよたい》　盡《ことごと》く背《そむ》くも予《よ》に於《おい》ては毫《がう》も心《こゝろ》を動《うご》かさず。命《めい》の厚《あつ》き飽《あく》まで報《はう》ぜざる可《べ》からず。覺王院曰《かくわうゐんいはく》。以上《いじやう》の言語甚《ごんごはなは》だ　狂暴《きやうばう》に陷《おち》いるも。皆徳川家累代《みなとくがはけるゐだい》の鴻《こう》恩《おん》に報《はう》ずるの赤心《せきしん》なり。然《しか》うして貴殿《きでん》に於《おい》て。愚僧《ぐそう》が苦陳《くちん》する所《ところ》一も諒察《りやうさつ》すること莫《な》くば。

復之《またこれ》を如何《いかん》ともするなし。今日《こんにち》より蹶然彰義隊及《けつぜんしやうぎたいおよ》び諸隊《しよたい》を援引《ゑんいん》し。日光山《につくわうざん》に退去《たいきよ》して謹愼《きんしん》すべし。予曰日光山《よいはくにつくわうざん》に退去謹愼《たいきよきんしん》の一條《でう》は諾《だく》せり。必《かなら》ず偽《いつは》りなくば其意《そのい》を具申《ぐしん》すべし。覺王院曰《かくわうゐんいはく》。誓《ちかつ》て違《たが》はず日光山《につくわうざん》に退去謹愼《たいきよきんしん》して當宮《たうみや》を衛《まも》るべし。因《よ》りて歎願《たんぐわん》する所《ところ》あり。請《こ》ふ情誼《じやうぎ》を含《ふく》んで憐察《れんさつ》せられよ。予曰何《よいはくなに》をか歎願《たんぐわん》するや。其可《そのか》なる者《もの》は宜《よろ》しく具申《ぐしん》すべし。覺王院曰《かくわうゐんいはく》。他《た》なし此山《このやま》に屯集《とんしふ》する者多數《ものたすう》なり。日光山《につくわうざん》に退去《たいきよ》するも準備金《じゆんびきん》なきを如何《いかん》せん。請《こ》ふ二萬金《きん》を恩《おん》賜《し》せられんことを。貴殿《きでん》の義膽《ぎたん》を以《もつ》て這《こ》の至情《しじやう》を酌量《しやくりやう》して上申《じやうしん》せられよ。予曰後《よいはくのち》の一條《でう》の如《ごと》きも不可《ふか》なりと云《いふ》にあらず具申《ぐしん》すべし。以上覺王院《いじやうかくわうゐん》と議論多端漸《ぎろんたたんやうや》く局《きよく》を結《むす》び。前條《ぜんでう》の如《ごと》く具《ぐ》申《しん》に及《およ》びしが。其時《そのとき》の都合《つがふ》と云《い》ふを以《もつ》て。彼《かれ》が請《こ》ふ所《ところ》の金圓《きんゑん》を與《あた》へ難《がた》く。數日《すうじつ》を經過《けいくわ》せしに。彰義隊《しやうぎたい》の輩日《はいび》に暴行《ばうかう》をなし。處々《しよく》に官兵《くわんぺい》を殺傷《さつしやう》す。典刑《てんけい》に於《おい》て許《ゆる》さゞる所《ところ》なり。大總督府《だいそうとくふ》より鎮撫《ちんぶ》の命下《めいくだ》ること數回《すうくわい》なり。西郷參謀《さいがうさんぼう》の内話《ないわ》により。力《ちから》を其道《そのみち》に盡《つく》したれども。彰義隊《しやうぎたい》と云《い》ひ何隊《なにたい》と云《い》ふも。其擧動《そのきよどう》を見《み》るに恰《あたか》も烏合《うがふ》に似《に》たり。隊長《たいちやう》は有《あ》れども無《な》きが如《ごと》く。規律立《きりつた》たずして兵士《へいし》は狂氣《きやうき》の如《ごと》く。紛々擾々《ふんくぜうく》たるのみ。故《ゆゑ》に條理《でうり》を以《もつ》て説諭《せつゆ》すべからず。因循《いんじゆん》に日《ひ》を送《おく》りたり。一日大總督府《じつだいそうとくふ》より覺王院《かくわうゐん》を召喚《せうくわん》すべきの命《めい》あり。予覺王院《よかくわうゐん》に到《いた》り。其旨《そのむね》を諭達《ゆたつ》せしに唯諾《ゐだく》して果《はた》さず。予《よ》を大總督府《だいそうとくふ》に召《め》し。西郷參謀促《さいがうさんぼううなが》して曰《いはく》。覺王院《かくわうゐん》を召喚《せうくわん》せしに肯《あへ》て來《きた》らざるは何《なん》ぞや。近《ちか》ごろ彰義隊等《しやうぎたいとう》の動靜《どうせい》を見《み》るに。官兵《くわんぺい》を殺傷《さつしやう》すること數《すう》たび。亂逆《らんぎやく》の蹤《しよう》蹟判然《せきはんぜん》たり。故《ゆゑ》に覺王院《かくわうゐん》の來《きた》らざる知《し》るべきなり。予曰彰義隊及諸隊《よいはくしやうぎたいおよびしよたい》に於《おけ》る其長《そのちやう》たるもの。皆虚稱《みなきよしよう》にして指揮《しき》す可《べか》らず。故《ゆゑ》に節制《せつせい》あること無《な》く。畫策《くわくさく》あることとなし。主人慶喜《しゆじんけいき》をも顧《かへり》みず。唯《た》だ徳川家《とくがはけ》に報《ほう》ぜんと云《いふ》に過《す》ぎず。冥頑凝結《めいぐわんぎようけつ》して遂《つひ》に空《むな》しく東叡山《とうえいざん》に斃《たほ》る、のみ。然《しか》るに數代恩義《すうだいおんぎ》の羈絆《きはん》に繫《つなが》るもの遽《にはか》に此極《このきよく》に至《いた》るに衷情或《ちゆうじやうあるひ》は然《しか》らずや。而《しかう》して若《も》し予《よ》を官軍《くわんぐん》の隊長《たいちやう》となし。彼烏合《かのうがふ》の衆《しゆう》を撃《うた》しむときは。地形《ちけい》といひ人物《じんぶつ》といひ明瞭《めいれう》なれば。之《これ》を潰滅《くわいめつ》する半日《はんにち》を出《い》でず。實《じつ》に憫諒《びんりやう》に勝《た》へざるなり。猶精力《なほせいりよく》を盡《つ》くして解散《かいさん》を圖《はか》るべしと。而《しかう》して屢々《しばく》西郷海江田兩參謀《さいがうかいえだりやうさんぼう》に面接《めんせつ》して情實《じやうじつ》を縷述《るじゆつ》し。覺王院《かくわうゐん》に諭示《ゆじ》すること。口酸《こうさん》を覺《おぼ》うに至《いた》るも未《いま》だ寸効《すんかう》を見《み》ず。且《か》つ彰義隊《しやうぎたい》の予《よ》に遇《あ》ふや。或《あるひ》は無狀《ぶじやう》を以《もつ》てす。隊長等《たいちやうら》に談《だん》ずれば。而前《めんぜん》に首《しゆ》肯《こう》して退《しりぞ》けば否《しか》らず。之《これ》を要《えう》するに。其任《そのにん》に當《あた》らざるもの、指令《しれい》なれば。兵士《へいし》に行《おこな》はる可《べ》からず。然《しか》れども未《いま》だ鎮撫《ちんぶ》の方《はう》なからず。予必《よかなら》ず之《これ》を處置《しよち》せんと云《い》ひしに。西郷參謀又急《さいがうさんぼうまたきふ》に予《よ》を促《うな》がし曰《いはく》。覺王院《かくわうゐん》の召喚《せうくわん》に應《おう》ぜざるは不審《ふしん》千萬なり。此條如何《このでういかん》。予曰覺王院《よいはくかくわうゐん》は彰義隊等《しやうぎたいとう》の慫慂《しようよう》する所《ところ》となり。漫《みだり》に議論《ぎろん》を吐《は》くのみにて。己《おのれ》の精神《せいしん》に出《いづ》るにあらず。然《しか》るに一たび其類《そのるゐ》に與《く》みす。故《ゆゑ》に恐懼《きやうく》する所《ところ》ありて來《き》たる能《あた》はざるなり。參謀曰《さんぼういはく》。心中正《しんちゆうたゞ》しければ何《なん》の恐懼《きやうく》か之《こ》れあらん。必《かなら》ず私邪《しじや》の致《いた》す所《ところ》なり。猶《な》ほ其《そ》れ之《これ》を嚴責《げんせき》せよ。予曰諾《よいはくだく》せり。翌日參謀又予《よくじつさんぼうまたよ》を召《め》す。至《いた》れば渡邊清左衛門席《わたなべせいざゑもんせき》に進《すゝん》で曰《いはく》。彰義隊《しやうぎたい》を鎮撫《ちんぶ》するの命數回《めいすうくわい》に及《およ》ぶも。未《いま》だ其効《そのしるし》を見《み》ず。速《すみやか》に之《これ》を所置《しよち》せよ。然《しか》らざれば慶喜《けいき》恭順《きようじゆん》の意《い》貫徹《くわんてつ》せざるなり。予《よ》曰《いはく》彼等《かれら》の所爲《しよゐ》は決《けつ》して慶喜《けいき》の意《い》より出《いで》たるにあらざること。前《まへ》に云々《うんぬん》する所《ところ》の如《ごと》し。且《か》つ解隊《かいたい》の方《はう》に於《おい》て予《よ》が見《み》る所《ところ》あり。然《しか》れども蜂窠《ほうくわ》の亂《みだ》る、如《ごと》く。遽《には》かに之《これ》を治《おさ》むること易《やす》からず。請《こ》ふ暫《しばら》く猶豫《いうよ》せよ。渡邊《わたなべ》氏《し》曰《いはく》。彼等《かれら》の暴行《ばうかう》日《ひ》一日《にち》よりも甚《はなはだ》し。大總督宮《だいそうとくのみや》に於《おい》て寛典《くわんてん》を施《ほどこ》す能《あた》はず。予《よ》曰《いはく》慶喜《けいき》に於《おい》ては。恭順謹愼《きようじゆんきんしん》。朝命《てうめい》に遵奉《じゆんぽう》すること他《た》なしと雖《いへども》。彼等《かれら》の妄《みだ》りに東叡山宮《とうえいざんのみや》の名義《めいぎ》を主張《しゆちやう》し。慶喜《けいき》を見《み》ること寓公《ぐうこう》の如《ごと》く。何《なん》ぞ其意《そのい》に應《おう》ぜんや。是《こゝ》を以《もつ》て止《や》むことを得《え》ず。大總督宮《だいそうとくのみや》と東《とう》叡山宮《えいざんのみや》と一戦《せん》に及《およ》ぶ可《べ》きか。渡邊《わたなべ》氏《し》默然《もくぜん》たり。暫《しば》らくありて曰《いはく》。其《そ》の事《こと》に至《いた》りては卒然答《そつぜんこた》へがたしと。予退《よしりぞ》けり。既《すで》にして五月《ぐわつ》十四日《か》に至《いた》り。東叡山《とうえいざん》を進撃《しんげき》するの議決《ぎけつ》せり。西郷參謀《さいがうさんぼう》予《よ》を勞《ねぎら》ふて曰《いはく》。足下《そくか》の朝廷《てふてい》を重《おも》んじ主家《しゆか》に報《むく》ゆるの誠忠《せいちゆう》。逐次詳悉《ちくじしやうしつ》せり。今暴徒《いまばうと》を進撃《しんげき》するや。足下《そくか》の快《こゝろよ》からざるを諒《りやう》ぜざるにあらず。其《そ》れ傷《いた》むこと勿《なか》れ。予深《よふか》く謝《しや》して歸《かへ》る。時《とき》に大總督府《だいそうとくふ》。人《ひと》をして徳川《とくがは》に告《つ》げしめて曰《いはく》。明朝東叡山《みやうてうとうえいざん》に嘯集《せうしふ》する暴徒《ばうと》を誅滅《ちゆうめつ》すべし。聞《き》く其山《そのやま》の中堂《ちゆうだう》には。徳川數代《とくがはすうだい》の重器《ぢゆうき》を藏《をさ》めたりと。宜《よろ》しく灰滅《くわいめつ》に付《ふ》すべからず。直《たゞち》に之《これ》を其家《そのいへ》に齎《もた》らせよ。徳川重臣等《とくがはぢゆうしんら》對《こた》へて曰《いはく》。敢《あへ》て命《めい》の辱《かたじけな》きを拜《はい》す。然《しか》るに一家《か》の携帯《けいたい》する所《ところ》の物《もの》一切《さい》之《これ》を獻《けん》ぜり。中堂《ちゆうだう》に遺《のこ》せる瑣少《させう》の器具《きぐ》の如《ごと》きは。今又惜《いままたをし》むに足《た》らずと捨《すて》て顧《かへり》みず。予此夜寢《よこのよしん》に就《つ》く能《あた》はず。此《こゝ》に至《いた》る所以《ゆゑん》の者《もの》を思《おも》へば。僅々數名方嚮《きんくすうめいはうかう》を誤《あやま》るの一點《てん》に出《いで》て。三千餘人《よにん》をして屍《しかばね》を曝《さら》さしむ。何《なん》ぞ惻然《そくぜん》たらざらん。是《こゝ》に於《おい》て。深更《しんかう》を厭《いと》はず上野《うへの》に到《いた》り。彰義隊長何《しやうぎたいちやういづれ》の處《ところ》にありやと問《と》へば。或人曰《あるひといはく》。昨夜已《さくやすで》に奥州《あうしう》を指《さ》して去《さ》ると。其他《そのた》の長《ちやう》を問《と》へば居處分明《きよしよふんみやう》ならず。中《なか》に越後榊原藩士《えちごさかきばらはんし》の集合《しふがふ》して神木隊《しんぼくたい》と號《がう》し。此隊長《このたいちやう》に酒井良祐《さかゐりやうすけ》と云《いふ》ものあり。之《これ》を説《せつ》諭《ゆ》せしに。予《よ》が赤心《せきしん》に服《ふく》し。四方《はう》を奔走《ほんそう》して解散《かいさん》に従事《じうじ》す。然《しか》るに先鋒《せんぽう》は突然《とつぜん》として黑門前《くろもんまへ》に畳楯《たゝみだて》を築《きづ》き戦備《せんび》をなせり。右《みぎ》を諭《さと》せば左《ひだり》に進《すゝ》み。左《ひだり》を鎮《しづ》むれば右《みぎ》に出《い》づ。其雑沓狼籍《そのざつたふらうぜき》擧《あ》げて言《い》ふ可《べか》らず。予慨歎《よがいたん》して退《しりぞ》けり。拂暁又上野《ふつげうまたうへの》の仲街《なかちやう》に到《いた》れば。天台《てんだい》の淨地《じやうち》忽《たちま》ち修羅《しゆら》の惡場《あくぢやう》と變《へん》ず。予惆悵《よちうちやう》見《み》るに忍《しの》びずして去《さ》る。田安門内徳川邸《たやすもんないとくがはてい》に行《ゆか》んと欲《ほつ》し。本郷壹岐坂《ほんがういきさか》に至《いた》れば。官軍半小隊《くわんぐんはんせうたい》ばかり予《よ》が馬《うま》を圍《かこ》む。是《こ》れ則《すなは》ち尾張《をはり》の隊《たい》なり。其中《そのなか》に早川太郎《はやかはたらう》と云《い》ふ者《もの》ありて予《よ》を知《し》れり曰《いはく》。先生何《せんせいいづ》くに行《ゆか》んとする。曰徳川邸《いはくとくがはてい》に行《ゆ》かんとす。曰道梗《いはくみちふさが》りて行《ゆ》く可《べか》らず。曰足《いはくそく》下《か》は官軍《くわんぐん》なり。予《よ》が爲《た》めに嚮導《きやうどう》して徳川邸《とくがはてい》に送《おく》らんや。曰事急《いはくことゝきふ》にして應《おう》ずる能《あた》はざるなりと。予路《よみち》を轉《てん》じて家《いへ》に歸《かへ》り。茫然《ばうぜん》として空《むなし》く砲聲《はうせい》の轟々《がう〳〵》たるを聞《きく》のみ。哺時上野《ほじうへの》の伽藍灰燼《がらんくわいじん》となる。

明治十六年三月

山岡鐵太郎誌

【現代語訳】

慶應戊辰四月東叡山に屯集する彰義隊及び諸隊を解散せしむべき上使として赴き覚王院と論議の記

今日、公命を奉じて来たのは、前将軍が朝廷に対して恭順謹慎を表明しているのに、誰の命令によって彰義隊及び諸隊がこの山に屯集するのか、この件について少なくない嫌疑がかかっているからである。覚王院は速やかにこれを解散させるべきである。

（右のようにわたしが言うと、）覚王院は、「ことはすでにここまで来てしまっている。どうしてそれが容易にできようか。いやしくも志のある者が期せずして集まり、おのおのが主家に報いようとしているのである。ただ前将軍のために守衛にあたっているのではない。東照宮（徳川家康）以来の歴代の神霊と輪王寺宮（東叡山の輪王寺は宮門跡寺院として、住持には代々京都から親王が迎えられていた。この時輪王寺の門跡を継いでいたのは、公現と称していた後の北白川宮能久《きたしらかわのみやよしひさ》親王である）を警衛しているのでもある。それに、この危急存亡の事態を座視するに忍びないということなのだから、ここで急遽諸隊に解散せよという命令は承知しがたい」と言う。

そこでわたしが、「大総督府参謀との交渉はすでに終了し、城と海軍陸軍の兵器等はすべて朝廷に献納する。これは言うなれば、天子の位を尊び、国体を重んじるということである。そもそも徳川家の祖先以来、おおかた三百年が天下泰平にあったわけで、その功業と恩沢が著しいことは明らかなこと。今、それを失墜させまいと思うならば、君主と臣下の本分を明らかにして、人民の苦難を救わないではいられないはずである。前将軍の至誠はそこにあるのだから、前将軍自身の守衛のほかに、各自が勝手に組織する兵隊は決して許されないものである。速やかに解散の命令をお受けすべきである」と言うと、覚王院はむっとして、「そのような戯言《ざれごと》は聞くに堪えない。今日の事態は、名目は朝廷というが、実情は薩長に誑《たぶら》かされてのことであって、朝廷によるのではない。貴殿は代々徳川家の恩沢に浴しながら、一朝にしてそれを忘れてしまうのか。徳川家の祖先も、あらかじめ後の世になってこういうことがあるのを知っていたので、この東叡山を経営し、皇族をもってその主とされていたのである。そのうえ一幅の錦旗を日光山に納めてあるのは、もし、朝廷が残暴であって、世の中を乱すような事変を起こす時は、我が輪王寺宮をもってこれにかえ、万民を安んじるという考えがあってのことである。貴殿のように軟弱で恩を知らない者は徳川の賊臣であり、これを蜂腰の士《さむらい》と言わずになんと言おう」と言うのであった。（そして、次のように論議が続く。）

鐵舟「前将軍には深遠な思慮があるのであって、それは貴僧のような頑固で愚鈍な者の窺い知るところではない。朝命に背いて国体を乱すことを恐れているのだ。そのうえ、今は国内のことだけでなく、万国との関係が多々生じてきている。名のみ正しくても、言うことがそれに応じたものでないならば、侮りを防ぐことはとてもできない。ましてや一時の怒りをもって数代にわたって人民を安んじてきた積徳の祖先に恥辱を与えるべきではない。ここにおいて貴僧が、順逆を区別せず、是非も分かたず、なんやかやと口吻に任せて罵詈雑言《ばりぞうごん》を極めるのも、わたしはあえて取り合わない。徹頭徹尾、この山に屯集する兵隊を解散することに力を注ぐのみである」

覚王院「貴殿は万国との交際を挙げ、国内の事情を説く。なるほど貴殿は大目付であって、眼玉も大きいから、万国と国内のあるべき道筋についてよく見えるのであろう。愚僧は、『山中暦日なし』で、世界の情勢などは全く知らない。ただ徳川家の盛運を考えているだけである。ほかのことに至っては、いったいどうしてかかわりがあろうか。家康公の神慮はどのようなものかと考えてみれば、愚僧が人間界にある限りは、この強い思いが止まることはない」

鐵舟「僧侶は人を救い、乱を治めることをもって慈悲の本願とするのではないか。前将軍が人の生命を救い、世の無事を図っているのを知らないというのか。貴僧はどうしても我意を張り、家康公の神慮を偽って飾り、その子孫とはかかわりをもたないというのか」
覚王院「わたしは当山の輪王寺宮につき従っている。前将軍とは、あえて無関係である。彰義隊やその他の諸隊についても同様である。これらの隊は前将軍の命令でもって編成されたものではないのだ。これすなわち、この諸隊が輪王寺宮を護るためのものだという証拠である。そのうえ貴殿は、『大総督宮、大総督宮』と言われるが、当山の輪王寺宮も宮である。そこに何の差があろうか」
鐵舟「ああ、なるほど、なるほど。貴僧の思うところははっきりとわかった。専ら輪王寺宮を護ると言うのなら、徳川家の与《あずか》るところではない。まこと前将軍を護るということではないのだな」
覚王院「その通り」
鐵舟「貴僧の抗弁はそれで終わったわけだ。わたしはあえて止めはしない。すぐにその回答を大総督宮に申し伝えよう。彰義隊ならびにその他の諸隊は徳川家の兵隊ではない、と。そののち、貴僧の思うようにこれらの隊を指揮して、両宮の一戦を試みればよい。そして、この戦いにおいては徳川家と関係ないという確証を出しなさい」

覚王院「みだりに戦争を好むわけではない。愚僧、あまりの大事に遭い、心中切迫して暴言を吐いてしまった。その不敬にあたるところは許しを請いたい。貴殿がいったん去ってしまえば、すぐにもこの山は戦地と化してしまうだろう。ご意見には感じるところもある。なお一言、言いたい。どうかもうしばらく留まってほしい」

鐵舟「どうして先には強気だったものが今になって意気地のないことになるのか。すでに決心を示したのだ。今さら『何をか言わんや』で、断然戦うべきである。わたしは前将軍の慈仁のお心を伸張したいと思うだけである。背中を向ける者を留めようとは思わない。諸隊がことごとく背いても、わたしにおいては毫も心を動かすものではない。心の深い仰せに、あくまでも報いずにはおれないというだけなのだ」

覚王院「これまで述べてきたことが甚だ乱暴であったのも、すべては徳川家累代の大恩に報いるための赤心から出たこと。しかしながら、貴殿において愚僧の弁明が一つも了察されないならば、それはいたしかたのないこと。今日より確かに、彰義隊や諸隊を引き連れて日光山に退去して謹慎することにいたす」

鐵舟「日光山に退去、謹慎の件は承諾しましょう。本当に偽りでないのであれば、その気持ちは申し伝える」

覚王院「誓って間違いなく日光山に退去、謹慎して当山の宮様を護りましょう。そこでお願いしたいことがあるのだが、そこのところを情宜を含んで憐察されたい」
鐵舟「どのようなことを願うというのか。可能なことであるならば、申し伝える」
覚王院「ほかでもない、この山に屯集する者は数多く、日光山に退去するにも準備金がないことにはいかんともしがたい。二万金を恩賜されることを願いたい。貴殿の義胆をもってこの至情を酌みとり、上申していただきたい」
鐵舟「その件についても不可とは言えないだろう。上申してみよう」

覚王院との議論は以上のように面倒なものであったが、やっとのことでまとまり、前述した件について上申に及んだが、その時の都合というものがあり、彼が求めた金額を与えることは難しく、数日が経過するうちに彰義隊の連中が日に日に暴行に及ぶようになり、所々で官軍の兵を殺傷するようになった。刑法の常識からみて許すことのできない行為である。大総督府から鎮撫の命令が下ることは数度に及んだ。西郷参謀からも内々の要請があり、わたしも鎮撫に力を尽くしたのだが、彰義隊といい何隊というも、その挙動を見るにつけ、まるで烏合の衆で、隊長はあってないに等しく、規律も立たずに兵士は狂気に走って、紛々擾々と乱れるのみであった。したがって、条理をもって説諭することもできず、どうもこうもなく日を送るしかなかった。

ある日、大総督府より覚王院を召喚するよう命令が下った。わたしが覚王院のもとに赴き、その旨を伝えると、承諾の返事をするも実際には応じない。西郷参謀は、わたしを大総督府に呼び、「覚王院を召喚しているのに、承諾しながら来ないというのはどういうことです。近頃彰義隊等の動静を見るにつけ、官軍の兵を殺傷すること度々、反逆に及んでいるのは明白です。ですから覚王院が来ないのも道理というものです」と言うので、わたしは、「彰義隊や諸隊の隊長というのは、どれもこれも実質のないもので、指揮することはできていません。ですから規律正しい行動もとれず、作戦もあったものではないのです。主人の慶喜を顧みることもなく、ただ徳川家に報じようというにすぎません。頑迷に凝り固まったままで、結局は空しく東叡山に斃れるだけです。とはいえ、数代の恩義の絆につながる者がにわかにこのような極点に向かってしまったのも、その思いからすれば仕方のないこと。そこで、もしわたしを官軍の隊長とし、あの烏合の衆を攻撃させるのであれば、地形も人間もよく知っているので、壊滅させるのに半日とは要しないでしょうが、それでは実にかわいそうで憐憫の情に堪えません。より精力を尽くして解散に至らせましょう」と答えた。

そうしてしばしば西郷・海江田両参謀と会って実情をこまごまと述べ、口が酸っぱくなるほど覚王院の説得にあたったのだが、わずかの効果もあがらないままであった。そのうえ、彰義隊の連中はわたしと会うにつけ、無礼なことこの上なく、隊長等にかけあえば、その場ではうなずくものの、別れたのちは顧みようともしない。これは要するに、その任にかなわぬ者の指令であるので、兵士に徹底されなかったということなのである。しかし今もって鎮撫の方法がないわけではない。「彰義隊等の件についてはわたしが必ず始末をつける」というわたしの言に対して、西郷参謀はまた急にわたしを促して、「覚王院が召喚に応じないのは不審なことこの上ない。これはどうしたわけです」と言う。わたしが「覚王院は彰義隊等のそそのかしに乗るところとなって無分別に論じているだけで、自身の精神から出ているのではありません。しかし、そうではあるのですが、ひとたび連中に与したおかげで、恐ろしく思うところがあって来ることができないのです」と答えると、参謀は「心中に正しいと思っているのなら、何を恐ろしく思うことがあるものか。やはり自身の邪《よこしま》な考えがそうさせているのだろう。いっそう厳しく責めるべきである」と言う。わたしは「承知しました」と応じた。

翌日、参謀がまたわたしを呼び出した。出向くと、渡辺清左衛門が席を進めて、「彰義隊を鎮撫する旨の命令が下されること数回に及ぶに、いまだ実効をあげているとは見えない。速やかにこれを処置せよ。そうでなければ、慶喜の恭順の意も貫徹しないことになる」と言う。わたしが「彼らのふるまいは決して慶喜の意志から出ているのではないこと、以前に申し上げた通りです。また、解隊についてはわたしに思うところがあります。とはいえ、蜂の巣の乱れるがごとき状態にあり、すぐにこれを治めるのは容易ではありません。しばらくの猶予をお願いしたい」と言うと、渡辺氏は「彼らの暴行は日増しにひどくなってきている。大総督宮において寛大な処置を施すわけにもいかなくなる」と言う。わたしが「慶喜においては恭順謹慎、朝命を遵奉する以外の考えはないとはいえども、彼らはみだりに東叡山の宮の名義を主張し、慶喜に対しては偶像を見るがごとき有様、どうしてその意向に応じるのでしょう。これをもってやむなしということで、大総督宮と東叡山宮との一戦に及ぶべきでしょうか」と言うと、渡辺氏は黙然となったが、しばらくして、「そのことに至っては急に答えることは難しい」と口を開いたので、わたしは退出した。

そうこうしているうちに五月十四日になり、東叡山に進撃することが決議された。西郷参謀がわたしをねぎらって、「あなたの朝廷を重んじ、主家に報いようとする誠忠は、いちいちよくわかっています。今、暴徒に対して進撃することが、あなたに快いものではないということがわからないわけではないのですが、こうなったことを悲しまないでいただきたい」と言ったことに対し、わたしは厚く礼を述べて帰った。

時に大総督府は、人をして徳川に次のように告げた。「明朝、東叡山に集まっている暴徒を誅滅する。その山の中堂には、徳川数代の貴重な宝物が収められていると聞くが、燃やしてしまうべきではない。直ちにそれらを徳川家へ持って行くように」というものだが、徳川家の重臣たちは「あえてかたじけない命令を拝しました。しかしながら、徳川家が所有するところのものは一切、献納いたしました。中堂に残しているわずかばかりの器具のごときは、今さらに惜しむほどのものではありません」と、捨てて顧みなかった。

わたしはこの夜、眠りにつくことができなかった。このような事態に至ってしまった理由を思えば、わずか数名の者が方向を誤ったという一点に尽きるのに、三千人余の屍をさらすこととなってしまった。どうして心の痛みを感じないでおれようか。ここにおいて、深夜であるにも構わず上野に向かい、彰義隊の隊長はどこにいるのかと問えば、ある人が言うには、昨夜のうちに、すでに奥州を目指して去ったという。その他の隊の長については、その居所ははっきりしなかった。中に、越後榊原藩の藩士が集まって神木隊と名乗っている隊があったが、その隊長に酒井了祐という者がいた。この者を説得したところ、わたしの赤心をわかってくれ、四方に奔走して解散を図った。しかしながら、先鋒の部隊が突然、黒門の前に畳楯を築いて戦闘の準備を始めてしまった。右を説得すると左に進み、左を鎮めていると右に出る。その雑踏狼藉のさまはいちいち言葉にできないほどである。わたしは慨嘆して退いたのであった。

明け方になって、また上野の仲町に行くと、天台の浄地も修羅の巷と化していた。わたしは恨めしいやら悲しいやら、見るに忍びないのでその場を去った。田安門内の徳川邸に行こうと思い、本郷の壱岐坂に至ると、官軍の半小隊ばかりがわたしの馬を取り囲んだ。これは尾張の隊であった。その中に早川太郎という者がおり、わたしのことを知っていて、「先生、どこに行こうとします」と訊く。「徳川邸に行くところだ」と答えると、「道はふさがってい て、行くことはできないですよ」と言う。「あなたは官軍だ。わたしのために案内をして徳川邸に送ってくれないか」と頼んだが、「急いでおりますので、応じることはできません」とのこと。わたしは道を変えて家へ帰り、茫然として轟々たる砲声を空しく聞くのみであった。午後の四時頃、上野の伽藍は灰燼と帰してしまった。

明治十六年三月

山岡鐵太郎　誌

第三章

宮仕え

維新後、新政府に仕えることとなった鐵舟の日々をまとめて、第三章とした。

◉

明治新政府がスタートし、日本の近代が始まる。鐵舟の明治の日々は、履歴の上からは官僚色に彩られたものとなる。

慶応四（一八六八）年三月、江戸城は無血開城となって、道を開いた鐵舟は翌四月に大目付となり、彰義隊の説得にあたる。こちらのほうは実質的な指導者であった覚王院義観《かくおういんぎかん》の不誠実のために結果としては不調に終わるが、以後鐵舟は勝海舟などとともに徳川家存続のために働き、同年八月、徳川家の駿府移封に伴い、駿府藩の幹事役として駿府に移る。

翌明治二（一八六九）年には版籍奉還《はんせきほうかん》が行われ、駿府藩藩主徳川家達《いえさと》は静岡藩知事となり、鐵舟は権大参事*となる。しかし明治四（一八七一）年になると廃藩置県が実施されて、旧大名の藩知事は免官、中央政府が新しい知事を任命する仕組みができあがる。免官により徳川家達は東京に移住、鐵舟も東京に引き上げる。

鐵舟は新政府の要請を受け、内紛の続いていた茨城県の参事*に、内紛が解決するまでという約束で就任する。明治四年の十一月のことであるが、鐵舟は単身で乗り込み、二十日余りで内紛を解決してしまう。そこですぐさま東京へ戻るのだが、今度は伊万里《いまり》県（現在の佐賀県に対馬を含む）の権令*を要請してきた。ここもまた内部にごたごたを抱えていたのであるが、鐵舟はこれを受け、同年十二月に伊万里県に赴任、二ヶ月余りで事態を収束させ、翌明治五（一八七二）年の二月には東京に戻ってくる。

県行政のトップとして続けざまに手腕を発揮することとなった鐵舟であったが、そんな鐵舟に、今度は西郷隆盛が明治天皇の侍従を要請する。まだ若い天皇の教育係として白羽の矢が立ったのである。

*権大参事…明治初年の地方官制における官名のひとつ。
*参事…明治初年の地方官制における、長官に次ぐ官名。
*権令…明治時代に使われた県の長官の名称。現在の県知事にあたる。

◉宮仕えの日々

鐵舟は明治五年六月、岩倉具視《いわくらともみ》と西郷隆盛の切なる推挙もあって、十年間の約束で宮内省《くないしょう》に出仕し、明治十五年六月をもって辞職した。以後は終生御用掛*を仰《おお》せつかることとなった。

*御用掛…宮内省などから命ぜられて用務を取り扱う職。

鐵舟は明治の初年、明治天皇が巡幸されて留守の時は、毎夜半必ず雨戸を開けて、翌日の天候を気にかけていたとのこと。

鐵舟が宮中に宿直の時は下役の者や給仕には休息を許可し、自らは独り端坐し徹夜するのが常であった。ところがある夜、同僚の一人がその宿直室にやって来て、鐵舟の様子を目にして「山岡君、退屈ではないかね」と声をかけた。鐵舟が厳しい表情で「退屈とは何事でござる」と言うと、その者は逃げるように去っていったという。

ある時、畏《おそ》れ多いことに明治天皇が鐵舟の忠義を尽くした諫言《かんげん》をお聞き入れになり、相撲と酒とを禁止されたことがあった。鐵舟はひとたびお諫《いさ》め申し上げた後、一ヶ月ほどを経て、葡萄酒一ダースを献上したので、陛下は禁酒のほうはおやめになったという。

◉明治天皇と相撲をとったという噂の真偽

世間では鐵舟が明治天皇の相撲のお相手となり、畏れ多くも陛下を投げたように言い伝えているが、それは全くの間違いであり、今その事実を語れば次の通りである。

陛下がまだ若年でいらっしゃった時、ある日の晩餐《ばんさん》に鐵舟と侍従某（確か片岡侍従ではないかと記憶するが）とがお仕えしていた。すると、陛下は杯を手にしつつ侍従に向かって、「わが日本もこれからは法律で治めなければならない」と言われた。侍従がただ畏《かしこ》まっていると、陛下は「汝《なんじ》はどのように思うか、意見を述べよ」と仰せになる。

そこでその侍従は「畏れながら国家を治める大本は、道徳にあるかと存じ上げます」とお答えする。陛下は、「いや、それは昔のことだ。今の世には道徳など何にもならない」と言われる。侍従もこれに応じて反論をする。というような次第で、一場《いちじょう》の議論となった。陛下は議論に感興を覚えてしきりに杯を重ねられたが、ふと鐵舟を顧みて、「山岡、汝の意見はどうだ。朕《ちん》に賛成か不賛成か」と言われた。

鐵舟は先刻より静かに黙って聞いていたが、ここに初めて口を開き、「畏れながらわたくしは、日本を法律のみでお治めになるならば、人民は*皇大神宮《こうたいじんぐう》を拝まないようになるに違いないと存じ上げます」とお答えした。これには陛下も、うっと言葉に詰まられたが、見る見るうちに逆鱗《げきりん》のご様子となり、更に杯を重ねられると、「山岡、相撲を一番取ろう」と言うとさっとお立ちになり、「山岡立て、立て」と厳しく迫られる。

鐵舟は「畏れ多いことでございます」とひたすら平身低頭の体であったので、陛下は「それならば坐り相撲を取ろう」と言って、様々な手段を尽くして鐵舟を倒そうともがかれたが、鐵舟の体は磐石《ばんじゃく》のごとくびくともしない。陛下の逆鱗はますますもって激しさを増し、ついに拳を固め、鐵舟の眼を衝こうと勢い込んで飛びかかられた。

そこで鐵舟はやむを得ず頭をちょっと横にかわした。するとそのはずみに陛下は鐵舟の体をかすめてどっと前のめりに倒られ、「ううむ、天子を投げるとは無礼この上ない奴だ」とおっしゃった。

この時に陛下は、わずかながら傷を負われたので、ほかの侍従等は恐れ入って畏まり、寝殿《しんでん》で侍医の応急手当を勧める。その間に鐵舟は次の間に引き下がり、粛然《しゅくぜん》と控えていた。

侍従の某が鐵舟に「早速謝罪するがよい」と勧告する。鐵舟は頭を振って、「いや、わたしの謝罪する筋ではありません」。侍従は「しかし、陛下が君を倒そうとなされた時、君が倒れなかったのはよくないであろう」と返す。そこで、鐵舟は次のように答えた。

「それはもってのほかである。もしわたしが倒れたならば、畏れ多くも、まさしく陛下と相撲をいたしたことになる。もとより君主と君主に仕える者とが相撲を取るということは、この上なく道に外れること。そうであるから、わたしは何がなんでも倒れることはできない。

この場合、もし故意に倒れる者があったならば、それはみだりに陛下に迎合する佞人《ねいじん》と言わねばならない（当時、陛下と相撲を取る者は、誰もが故意に負けるのを常としていたのを鐵舟は苦々しく思っていた）。それでもなお貴殿は、あるいはわたしが頭をかわしたことを非難されるかもしれないが、我が身はもとより陛下に捧げまつってあるので、負傷などはいささかも厭《いと》いはしないが、もし陛下がご酔狂のあまり拳でもって臣下の目玉をお砕きになったとすれば、陛下は天下に、そして後世の者に、古今稀《まれ》なる暴君と呼ばれることになられる。そして陛下が酔いからお醒《さ》めになった後、どれほどご後悔なさるかわからないと推察いたす。

だからこそ、陛下がご負傷なされたことはなんとも畏れ多いが、まことにやむを得なかった次第だと存ずる。よって、わたしのこの本心を陛下に奏上していただき、陛下がもしわたしの措置《そち》を否と仰せになるならば、わたしは謹んでこの席で自尽して謝罪する覚悟でござる」

そんな決然たる様子のところへ、一人の侍従が、「陛下はもはやご就寝なさったので、とにかく一度退出するがよかろう」と言って来た。しかし鐵舟は「いや、聖断を仰ぐまでは決して退出いたしはせぬ」と言うので、侍従諸氏は大いに持て余し、ひそかにこの由《よし》を侍従長へ報告する。侍従長は急遽やって来て、いろいろと諭して言い聞かせたが、鐵舟は頑として応じない。

そのうちに陛下がお目覚めになり、侍従を召して、山岡はどうしたかとお尋ねになる。侍従が鐵舟の言い分を詳しく述べると、陛下はすぐにご起床なさり、しばらく黙然となさっていたが、やがて、「朕が悪かったと山岡に申し伝えよ」とお命じになった。侍従が陛下の思《おぼ》し召《め》しを鐵舟に伝える。が、鐵舟の返事は「陛下の思し召しはまことに畏れ多いけれど、ただ悪かったとの仰せのみにては、わたしはこの席を立ちかねまする。なにとぞ実のあるところをお示しくだされたく、お願い申し上げる」というものである。

陛下はこれをお聞きになり、またしばらく黙然となさっていたが、ついに、「これから先、相撲と酒とを止める」とおっしゃったので、鐵舟は感激のあまり涙を流し、「思し召しのほど、確かに謹んで承り申し上げる」と言って退出した時は、もはや白々と夜の明ける頃であった。

それ以後、鐵舟は自邸に蟄居《ちっきょ》していっこうに出仕しない。陛下は侍従を遣わされ、出仕しない理由をお尋ねになる。鐵舟は謹慎の旨を答える。陛下からは「それには及ばぬ。即日出仕せよ」とのお言葉を賜ったが、鐵舟はそのまま一ヶ月を蟄居し、ある日突然出仕して御前に伺い、葡萄酒一ダースを献上した。すると、陛下は晴れやかなお顔で、「もう飲んでもよいか」とおっしゃり、鐵舟の面前でこれを召し上がったのであった。

＊皇大神宮…三重県伊勢市にある皇室の宗廟《そうびょう》である伊勢神宮の内宮《ないくう》で、祭神は天照大神《あまてらすおおみかみ》。ちなみに、豊受大《とようけのおお》神《かみ》を祭神とする豊受大神宮が外宮《げくう》である。

◉明治天皇との心の絆

明治十四年二月十八日、明治天皇は武州八王子へ行幸《ぎょうこう》、翌十九日には宇津貫村御殿峠《うつぬきむらごてんとうげ》において兎狩りが催されたが、鐵舟もまた行幸の列に加わっていた。たまたま一匹の兎が狩り立てられて逃げて来ると、突然鐵舟に飛びついたので、鐵舟はこれを抱きとめ、陛下に献上した。陛下はその優美なさまを殊のほか愛され、そののち永く宮中で飼育されたという。

ちなみに、この行幸については、鐵舟の忠誠が片時も途切れるものではないことを証明する一挿話があるが、ことの次第が陛下に及ぶことであるので、今ここに記すことは遠慮する。

ある時、越後国の某氏がすっぽん百匹余りを鐵舟の屋敷に持参し、陛下に献上してほしい旨を依頼した。鐵舟は快諾してこれを受け取り、翌日ひそかに皇居の御濠に放した。その後、今度は鶏の献上を依頼する者があった。鐵舟は、今度はこれを浅草寺境内に放した。

　そして、他日この件を陛下に申し上げるに至ると、陛下は「それはどういう事情によることか」とおっしゃるので、鐵舟は「畏れながら、陛下のこの上ない慈悲の恵みをほかの動物にまでいただきたく存じ申し上げる次第です」と答えた。陛下はこれをお聞きになると、微笑を浮かべられ、「それはよいことをした」とおっしゃったとのことである。

出会いの光芒…❸

明治天皇（めいじてんのう）

明治天皇は、嘉永五（一八五二）年に生まれている。名は睦仁《むつひと》。父は孝明《こうめい》天皇である。その父である孝明天皇が慶応二（一八六六）年に急死、翌年の一月に十六歳で天皇となる。この慶応三年のうちに大政奉還があり、十二月には王政復古の大号令、天皇親政の名のもとに新政府のスタートが切られ、その翌年の一月には鳥羽・伏見の戦いが起こって戊辰戦争が始まる。戊辰戦争は一年余りで終結するが、その間に五箇条の誓文《せいもん》が発せられ（慶応四年三月十四日）、江戸は東京と改称（同年七月）、年号を明治と改めて一世一元《いっせいいちげん》の制となり（同年九月）、天皇もついに東京の地を踏んで事実上の東京遷都《せんと》となった（明治二年三月）。この時点でまだ十八歳。若い天皇とともに日本は近代国家の道を歩み出すこととなる。

さて、いつの時代も「若さ」というものは可能性に満ちているものだが、明治新政府にとっても明治天皇の若さというものに期待するところは大きかったのではないかと思われる。ただ、「若さ」という「可能性」は諸刃の剣でもある。偉大な帝王になる可能性に満ちていると同時に、愚帝へと道をそれていく危険性もはらんでいる。

そこで、天皇を取り巻く環境が大切になるのであるが、おそらく西郷隆盛は、おもねらず、常に真摯に向き合い、ことにあたっては全精力を傾注するタイプの人間を天皇の側に置く必要を感じていたのであろう。山岡鐵舟に天皇の侍従として宮中に入ることを要請したという事実そのものが、それを裏付けている。かつての朝敵《ちょうてき》の家来を天皇の側近にするという大胆不敵なプランでもあるが、この人事がまさに西郷の慧眼《けいがん》を証明するものであったことは、その結果より明らかであろう。

かくして鐵舟は十年間の約束で明治天皇に仕えるわけであるが、それは天皇の二十一歳から三十歳の期間にあたる。まさに而立《じりつ》の歳まで仕えたということになる。辞職したのちの鐵舟は、恩命《おんめい》によって宮内省御用掛となるのだが、これは非公式ではあっても鐵舟を自分と会うことができるようにしておきたいという天皇の意向にそったもので、この一事をもっても、鐵舟がどのように明治天皇に仕えたのか、その鐵舟を明治天皇がどう思っていたのかが窺いしれる。

その明治天皇が本当に鐵舟を失うのは、明治二十一（一八八八）年、鐵舟が宮内省を辞めた六年後であるが、それを区切りとしたかのように、明治天皇はいよいよ帝王の道を行くことになる。

鐵舟が死んだ翌年、明治二十二（一八八九）年には、ついに大日本帝国憲法が公布され、日本は近代国家としての体裁《ていさい》がいよいよ整ってくるが、鐵舟の死が準備期間の終わりを告げるものであったかのごとく、その大日本帝国憲法において、明治天皇は強大な権限を付与されることになる。そして、時代は明治二十七〜八（一八九四〜五）年の日清戦争、明治三十七〜八（一九〇四〜五）年の日露戦争と進んでいき、日本は列強の仲間入りを果たす。若い天皇とともにスタートした新しい日本は、世界で一目置かれるところまでたどり着いたのである。

明治四十五（一九一二）年七月二十九日、崩御。六十一歳。和歌を好んだ天皇でもあり、十万首を超える作品を残している。

鐵舟アーカイブズ❷

山岡鐵舟は、明治五（一八七二）年の六月から十年間にわたって明治天皇の側に仕える。ここでは、鐵舟自身の手によるものではないが、明治天皇の山岡鐵舟に対する思いが窺える資料として、「鐵舟居士遺物護皇　洋刀記」を示す。

【原文】

鐵舟居士遺物護皇　洋刀記

洋刀一口《やうたういつこう》。是《こ》れ曾《かつ》て子爵山岡君《ししやくやまをかくん》の。佩《お》びて以《もつ》て王事《わうじ》に勤《つと》むる所《ところ》の者《もの》。今谷中全生庵《いまやなかぜんしやうあん》に藏《ざう》す。庵《あん》は君《きみ》の創立《さうりつ》に係《か》り。多《おほ》く其《そ》の遺物《ゐぶつ》を存《そん》す。中《なか》に就《つ》き。此刀《このたう》を紀念《きねん》の最《さい》なる者《もの》と爲《な》す。蓋《けだ》し君《きみ》の英武是《えいぶこれ》に因《よ》りて而《しかう》して傳《つた》へ。君《きみ》の忠勳是《ちゆうくんこれ》に因《よ》りて而《しかう》して播《ひろ》まるを以《もつ》て也《なり》。而《しかう》して刀《たう》の利《り》鈍與《どんあづ》からず焉《えん》。明治戊寅《めいぢぼいん》八月《ぐわつ》。竹橋兵營《たけばしへいえい》の騷擾《さうぜう》。事倉卒《ことさうそつ》に起《おこ》り。人心恟々《じんしんきようく》たり。君變《きみへん》を聞《き》き蹶起《けつき》して此《こ》の刀《たう》を佩《お》び。直《たゞ》ちに禁内《きんだい》に趨《わ》しる。時方《ときまさ》に夜半《やはん》。未《いま》だ一人《にん》の護衛《ごゑい》に候《こう》ずる者《もの》あらず。聖上叡感《せいじやうえいかん》の餘《あま》り。特旨君《とくしきみ》をして佩《お》ぶる所《ところ》の刀《たう》を解《と》かしめ。召《め》して玉座《ぎよくざ》の側《かた》はらに置《お》き。以《もつ》て非常《ひじやう》に備《そな》へたまふ。且《か》つ宣《のた》まはく。鐵太郎《てつたらう》在《あ》り焉《えん》。朕《ちん》亦《ま》た何《なに》をか慮《おも》ぱからんと。其《そ》の後《のち》常《つね》に禁内《きんだい》に留《とゞ》む。人以《ひともつ》て榮《えい》と爲《な》す。昔《むか》し八幡公《はちまんこう》。奥羽《あうう》二《に》役携《えきたづ》さふる所《ところ》の弓《ゆみ》を獻《けん》じて。近衛帝《このゑてい》の夢厭《むえふ》を鎮《ちん》す。士林傳《しりんつた》へて公《こう》の武徳弓《ぶとくゆみ》に及《およ》ぶことを欽稱《きんしよう》す。君《きみ》の刀幾《たうちか》し矣《い》。宜《むべ》なる哉《かな》。聖上《せいじやう》北巡《ほくじゆん》。君《きみ》を留《とゞ》めて東京《とうきやう》の留守《りうしゆ》と爲《な》し。後宮危懼《こうきゆうきく》の心《こゝろ》を安《やす》んじて。毫《がう》も顧慮《こりよ》し玉《たま》ふ所《ところ》なき也《や》。君薨《きみこう》じて後《のち》。旨《むね》あり嗣子《しゝ》直記《なほき》を宮中《きゆうちゆう》に召《め》し。上親《じやうした》しく此《こ》の刀《たう》を還賜《くわんてう》したまふ。直記惶恐拝受《なほきくわうきやうはいじゆ》して退《しり》ぞき之《これ》を全生庵《ぜんしやうあん》に納《をさ》むと云《いふ》。事明治《ことめいぢ》二十三年《ねん》に在《あ》り。嗚呼《あゝ》。刀《たう》は一微物《いちびぶつ》のみ。正宗《まさむね》の鋭利《えいり》あるに非《あら》ず。金装《きんさう》の美《び》あるに非《あら》ず。而《しかう》して一《ひと》たび天顔《てんがん》に咫尺《しせき》し。後《なが》く後世《こうせい》の貴重《きちよう》する所《ところ》の者《もの》と爲《な》るは。遭遇《さうぐう》其《そ》の人《ひと》を得《う》るを以《もつ》てに非《あら》ざる乎《か》。君平生心《きみへいぜいしん》を禪理《ぜんり》に潜《ひそ》め。所レ謂《いはゆる》見性《けんしやう》悟道《ごどう》を得《う》るあり。事《こと》に應《おう》じ物《もの》に接《せつ》して。活人殺人《くわつにんさつにん》の技倆《ぎりやう》を施《ほどこ》す。此《こ》の刀與《たうあづ》かりて力《ちから》ありと爲《な》す。余《よ》も亦嘗《またかつ》て君《きみ》の知《ち》を辱《かたじけ》なうする者《もの》。今庵主《いまあんしゆ》の請《こひ》に應《おう》じて。略《ほ》ぼ其《そ》の來歴《らいれき》を叙《じよ》す。偶然《ぐうぜん》に非《あら》ざる也《なり》。其《そ》の文卑弱《ぶんひじやく》にして英武忠勳《えいぶちゆうくん》の萬一《まんいち》を發揚《はつやう》するに足《た》らずと雖《いへど》も。後《のち》の風《ふう》を聞《きゝ》て興起《こうき》する者《もの》。庶《こひ》ねがわくは茲《こゝ》に取《と》ること有《あ》らん耶《か》。

松邨棚橋大作撰

【現代語訳】

鐵舟居士遺物護皇　洋刀記

洋刀一口。これはかつて山岡子爵が侍従として天皇の側にあった時に佩びていたもので、今は谷中の全生庵が所蔵している。庵は山岡君が創立にかかわり、多くの遺物を有している。なかでもこの刀を記念の最たるものとする。おそらく山岡君が武勇に優れていることはこれによって伝わり、その忠義による功労はこれによって広まることであろう。それは刀が鋭い、あるいは鈍いといったこととは関係のないことである。明治十一年八月、にわかに竹橋の兵営において騒擾が起こり、人心は恐れおののく。山岡君は事変の勃発を耳にするとすぐさまこの刀を佩び、直ちに宮中に走る。時まさに夜半、いまだ一人も護衛に参ずる者はいない。陛下は感嘆のあまり、特別の思し召しで、山岡君の佩びている刀を外させ、召して玉座の傍らに置き、非常の時の備えとされた。そして、「鐵太郎がいてくれるのと同じことである。これで何も心配することはない」とおっしゃった。その後、その刀は常に宮中に留まることとなった。名誉なことである。昔、八幡太郎源義家が、奥羽の二役、前九年の役と後三年の役に携えた弓を献じて、近衛帝の悪夢を鎮めた。八幡公の武徳が弓に及んでいることを帝が称えたことは評判となったが、山岡君の刀もそれに近いものだといってもよいであろう。陛下は北巡に際して、君を留守役として東京に留めることで後宮の不安を取り除き、少しも気にかけられることはなかった。君が薨去の後、嗣子直記を宮中に召す旨があり、陛下は親しくこの刀を返された。直記は畏れ入りつつ拝受して退出し、これを全生庵に納めたという。明治二十三年のことである。ああ、刀は一微物のみ。正宗の鋭利さがあるでなく、金の装飾美があるわけでもない。しかしながら、ひとたび陛下の天顔に近づき、後世まで貴重なものとして残ることとなったのは、持ち主に山岡君という人を得たからにほかならない。山岡君は平生、心を禅理に潜め、いわゆる見性悟道を得ているのであり、ことに応じ物に接して、活人殺人の技量を施す。この刀も与って力を得たのである。わたしもまた、かつて君の知遇を得てありがたく思った者である。今、庵主の求めに応じて、おおかたその来歴を叙するのも、偶然ではないのである。その文は卑弱にして、その稀なる英武忠勲を発揚するには不足ではあるが、願わくば、後にこのことを聞いて興起する者が現れてほしいということである。

松邨　棚橋大作　撰

第四章

剣と禅

山岡鐵舟の剣と禅に関する履歴が紹介されている部分を第四章とした。

◉

本書の原テキストは全生庵三世圓山牧田《まるやまぼくでん》和尚が編纂した『鐵舟居士乃真面目《てっしゅうこじのしんめんもく》』であるが、この書名にある「居士」とは、出家しないで仏道の修行をする男子のことであり、近世では在家の禅の修行者をいう。剣客山岡鐵舟が「鐵舟居士」であるのは、まさに禅の修行者でもあるからである。

鐵舟は九歳の時に久須美閑適斎《くすみかんてきさい》について真影流を学ぶが、これが剣術修行のスタートである。以後、飛騨高山で北辰一刀流の井上清虎に稽古をつけてもらった縁で二十歳の時に千葉周作の玄武館に入門、修行に明け暮れるも、二十八歳の時に浅利《あさり》又七郎義明《またしちろうよしあき》と立ち会って己の未熟さを痛感、教えを請《こ》うに至る。

一方、禅については十三歳の頃に志を得たとされ、二十歳の時に武州芝村《しばむら》(現在の埼玉県川口市)の長徳寺《ちょうとくじ》の願翁《がんおう》和尚につく。願翁が京都の南禅寺《なんぜんじ》に移るまで十二年間師事した後は、三島《みしま》にある龍沢寺《りゅうたくじ》の星定《せいじょう》、京都相国寺《しょうこくじ》の獨園《どくおん》、同じく京都嵯峨の天竜寺《てんりゅうじ》の滴水《てきすい》、鎌倉円覚寺《えんがくじ》の洪川《こうせん》の各禅師に参禅する。このような剣禅一如の修行の日々は幕末・維新を経ても続き、明治十三(一八八〇)年三月三十日の払暁に大悟徹底、滴水老師に印可《いんか》を受ける。剣の道も無敵の極処に達し、浅利義明によって流祖伊藤一刀斎《いとういっとうさい》のいわゆる無想剣《むそうけん》の極意を伝えられ、無刀流《むとうりゅう》を開く。

本章は、このような事実を（剣については鐵舟自身の言葉を借りて）端的に伝えているが、大悟した鐵舟を滴水老師がどのように迎えたか、無刀流を開いた鐵舟がどのような鍛錬方法を編み出したか、といったことにも言及している。

◉剣と禅を大悟

鐵舟は始め、願翁禅師に*無字《むじ》の*公案《こうあん》を授かり、それ以来十二年間、辛苦に辛苦を重ね、ある日箱根で湯に入る際に悟りを開いた。そして、最後に洞山五位兼中至《ごいけんちゅうし》の頌《じゅ》にある「両刃《りょうじん》、鋒《ほこさき》を交えて避《さ》くるを須《もち》いず」の句において大悟し、ついに滴水老師の印可を受けたのである。

この時滴水老師は江川鐵心《えがわてっしん》宅に滞在していたので、鐵舟はすぐに駆けつけたのであったが、滴水老師は法悦に堪えない面持ちで、「先生にビールをあげてくれ」と江川鐵心に命じ、鐵心は早速ビールを一ダース取り寄せて大きなグラスで勧める。鐵舟はまさに天を突かんばかりの勢いで快活に話し、声高に笑い、瞬く間に飲み干してしまった。鐵心は更に半ダースを追加したが、これもまた同様の気配だったので、老師は「先生は病気だから少し加減してはどうか」と注意した(鐵舟はその頃胃病で、医師より日本酒を禁じられ、多少のビールしか許可されていなかった)。するとと鐵舟は、「やあ、ちょっと過ぎましたかな」と言って大声で笑い、辞去したという。

後年、江川鐵心は「あの時の先生の素晴らしい様子を見て、自分もぜひあれくらいの悟りを開きたいものだと思い、大いに努力を続けました」と語ったことである。

＊無字…考案の一つ。趙州無字とも呼ぶ。

＊公案…禅宗で、参禅者に悟道に至るために工夫させる問題。

鐵舟は願翁、星定、獨園、洪川、滴水の五人の老師に禅の道を学んだが、なかでも滴水老師の厳しい手段に深く心服していた。老師はしばしば鐵舟の屋敷で参禅《さんぜん》を受けたが、そのたびに門下生は老師の激しく厳しい「喝」の声を漏れ聞いて非常に腹立たしく感じたほどであった。

老師はかつて、「わしが鐵舟と接した時は、毎回命がけであった。おかげでわしも大いに力を得た」と語っている。一方鐵舟も、「厳しき師というもののありがたみを滴水において初めて知った。もし滴水に逢わなかったならば、おそらく自分の今日はあるまい」と言っていた。

鐵舟は「両刃、鋒を交えて避くるを須いず」の句に大悟すると同時に無刀流剣法を発明し、左の詩文を作って後に続くものを励ましたという。

学で不《ナラザル》レ成の理《コトワリ》なし。不《ナラザル》レ成は自ら不《ナサザル》レ為なり。予九歳にして撃剣に志し。真影流久須美閑適斎に従ひ学ぶ。其後北辰一刀流井上清虎の門に入て修行し。且つ諸流の壮士と試合すること其数千万のみならず。其中間刻苦精思する凡そ二十年。然れども未だ安心の地に至るを得ず。於《ココニオイテ》レ茲鋭意進取して剣道明眼の人を四方に索《モト》むるに絶て其人に遭はず。偶《タマタ》ま一刀流浅利又七郎といふ者あり。中西忠太の二男にして。伊藤一刀斎の伝統を続《ツ》ぎ上達の人と云。予聞《コレヲキキ》レ之喜び往て試合を乞ふ。果して世上流行する所の剣術と大に異り。外柔にして内剛。精神を呼吸に凝《コラ》して勝機を未撃に知る。真に明眼の達人と謂つべし。従㆑是《コレヨリ》試合する毎に遠く不㆑及《オヨバザル》を知る。（浅利氏は明治某年収㆑術《ジュツヲオサメ》復不㆑取㆑剣《ケンヲトラズ》）爾来修行不㆑怠《オコタラズ》と雖《イエドモ》浅利氏に可㆑勝《カツベキ》の方なし。故に日々剣を取て諸人と試合の後。独り浅利に対する想を為せば。浅利忽ち剣前に現じ山に対するが如し。常に不㆑可㆑当《アタルベカラズ》と為す。于㆑時《トキニオイテ》明治十三年三月三十日早天寝所に於て。従前の如く浅利に対し剣を揮ふ趣を為すと雖。剣前更に浅利の幻身を不㆑見《ミズ》。於㆑茲《ココニオイテ》乎真に無敵の極所を得たり。乃ち浅利氏を招き我術の試験を受く。浅利曰く大に妙理を得たりと。遂に我術を開て無刀流と号す。嗚呼諸道の修行も亦如㆑斯《カクノゴトキ》乎。古人曰く業は勤むるに精しと。勤むれば必ず至㆓其極㆒《ソノキョクニイタル》。諸学の人請ふ勿㆑怠《オコタルナカレ》。

学剣労心数十年
臨機応変守愈堅
一朝塁壁皆摧破
露影湛如還覚全

（大意）

学んでことが成らないはずがない。成らざるは自ら為さざるということだ。自分は九歳で剣術に志し、真影流の久須美閑適斎に学ぶ。その後、北辰一刀流の井上清虎の門に入って修行し、諸流派の壮士と試合すること千万を下らず、およそ二十年にわたって一心に努め励んだが、安心の境地に達するを得なかった。ここにおいて、自ら進んで剣の道を究めた人を天下に求めたが、そのような者とは出会うことがなかったところ、一刀流に浅利又七郎という者がいて、中西忠太の次男で伊藤一刀斎の伝統を継いだ達人だという。聞き及んだ自分はうれしくなり、訪ねていって試合を求めた。はたして世間に流行している剣術とは大いに異なって、外には柔らかいが、内に強いものをもっており、精神を呼吸に集中させて打ち合う前に勝機をつかむ。まこと明眼《みょうげん》の達人というべきである。この時以来、試合をするたびに自身が遠く及ばないことを知るのである（浅利氏は明治某年、術を収め、剣を取らなくなった）。それからというもの怠らず修行に努めてはいたけれども浅利氏に勝つ方法が見つからない。日々剣を取ってはいろいろな人と試合をし、その後独りで浅利と対する場面を思い浮かべると、浅利がたちまち自分の剣の前に現れる。それはまるで山と対峙《たいじ》しているかのようで、どうしても打ちかかっていけなかった。時至って明治十三年三月三十日の明け方、寝所においていつものように浅利に対して剣を振るう場面を思い描くと、剣の前に全く浅利の幻影を見ることがない。わたしはここにおいて真に無敵の極致に達したのである。すぐに浅利氏を招いて自身の剣と対してもらうと、浅利氏は「到達されましたね」と言う。ようやく自分の剣術をうち立てたので、無刀流と名付けることにした。思うに、どんな道の修行もこのようなものであろう。古人は言っている、わざごとは心を尽くして励んでこそ明らかになると。そうすれば必ずその極意に達することができる。道を学ぶ人が怠ることなく進んでいくことを願う。

剣を学び心を労する数十年
機に臨み変に応じて守り愈《いよい》よ堅し
一朝塁壁皆摧破す
露影は湛如として還た全きを覚ゆ

◉春風館での稽古

鐵舟は、剣術道場春風館において、特に「誓願《せいがん》」という方法を設けて、身体強健で意気盛んな門人を陶冶した。

「誓願」とは、一死を誓って稽古を請願するという意で、その方法はほぼ三期に分かれていた。

第一期の誓願を申し出る者があると、まず鐵舟より言葉があり、次いで幹事がその姓名を道場に掲示する。誓願者はその日より一日の怠りもなく満三年の稽古を積むと、最後に終日立切《たちきり》二百面の試合をするのである（これを立切試合あるいは数稽古という）。これを無事にやりおおせると尋常科《じんじょうか》卒業格の剣生となる。第二期の誓願は、それより更に数年の稽古を積み、三日間立切六百面の試合をやりおおせると十二箇条目録を与えられ、中等科卒業格の剣生となるのである。第三期の誓願は、それより更にまた幾多の稽古を積み、七日間立切千四百面の試合をやりおおせて目録皆伝の許しを受け、青垂《あおだれ》の稽古道具一式を授与されて、高等科卒業格の剣士となるのである。

この誓願における立切試合の妙は一日のうちの午後二、三時頃にある。その頃になると立切者は全く心身を失い、一片の至誠《しせい》となって活動が真に名人の域に入る。つまり、一誓願ごとに実際死地を経るわけだから、その技術が目立って進歩するのも当然である。

しかし、第一期と第二期はともかく、第三期七日間立切千四百面の試合を完全にやりおおせた者は、多数の門人の中で、わずか二、三名に過ぎない。もともと三日もしくは七日の立切期間は一切外出を禁じ、三食は粥《かゆ》と梅干しに限られ、試合の相手はなるべく血気の猛者か飛び入りの者を選抜するのであるから、立切者の悪戦苦闘は実にあきれて言葉もないほどで、四肢五体は皆腫れ上がり、しばしば血尿が出るに至る。そして毎日試合が済むと立切者は鐵舟の前に出て挨拶することになっていたが、この時はいかなる者でも完全に両膝を折って両手をつくことができないので、鐵舟はその意気地のないのを憤慨し、口を極めて叱責した。

しかしながら、鐵舟の眼には意気地なしと映る門人たちも、当時、他流の剣客からは獅子王のように畏怖《いふ》されていた。それは全く、この誓願のような非常の修養によって勝ち得た権威である。鐵舟の誓願者へ与えた言葉は次のようなものである。

剣法は実地の場に臨んでは死生を決するところのものである。近頃剣法を遊技のように思って互いに勝負のみに流れ、実地に臨んだ時のように力を尽くす者が見られない。だからこそ当道場においては数稽古を実施し、各自精神のあらん限りを尽くして実地の用に立てようとしているのである。その稽古を行う者は、最初は普段の試合のように思っていても、数百回も立切試合をするうちに、まさに実地の場に立っているかのようになる。これは全く精神の所産であり、それでこそ実地の剣法ということができる。この心をもって修行しなければ、数十年修行しようとも実地の用をなすことはない。だからこそ、このたび数百回の試合を行って、実際に役立つ働きを試してみようというのである。各自ぜひとも一死を投げ出し、精神を奮い起こして一心に修行に励んでもらいたい。

わたしは二十四歳の時、一週間立切千四百面の試合をしたが、いっこうに疲労とか衰弱とかを感じることはなかった。そもそも剣法というものは、勝負はもちろんだが、心を練ることが肝心である。その理由は何かといえば、心には限界がないからである。その心をもって敵にあたり、その心を働かして対すれば、幾日試合をしようとも疲労や衰弱を覚えたりはしない。修行をする者は、この道理をよくよく工夫して努め励んでもらいたい。

ちなみに、往時、豊前中津藩《ぶぜんなかつはん》剣術師範中西家と若州小浜藩《じゃくしゅうおばまはん》剣術師範浅利家とにおいて、毎年春と秋に終日稽古をする慣例があった。当日は午前五時より午後四時まで、各藩の剣士という剣士が皆出席して試合をする。その人数はまず三、四百人は下らない。鐵舟もまた、常に出席した。とはいえ、通常は一試合ごとに面を外して互いに礼を交わすのだが、鐵舟は面を被ったまま、外す間も惜しいと参加者を片っ端から相手にするのが常であった。人は皆、「鬼鐵《おにてつ》」と綽名して、「鬼鐵は剣術が飯よりも好きなのだから」と言ってこれを許していた。鐵舟は、この終日稽古の慣例より誓願の方法を考え出したのである。

鐵舟アーカイブズ❸

山岡鐵舟は、剣術論やそれにつながる術の要諦について述べたものなどを何点か文章として残している。ここでは「剣術の流名を無刀流と稱する譯書」を始め、「無刀流剣術大意」「門人に示す」「竹刀の長短の是非を辨ず」「大工鉋の秘術」を紹介する。

【原文】

剣術の流名を無刀流と稱する譯書

無刀とは。心の外に刀なしと云事にして。三界唯一心也。内外本來無一物なるが故に。敵に對する時。前に敵なく。後に我なく。妙應無方朕迹を留めず。是余が無刀流と稱する譯なり。過現未の三際より。一切萬物に至る迄。何ひとつとして。心に非ざるものは無し。其心はあとかたもなき者にして。活潑無盡藏なり。其用や。東涌西沒。南涌北沒、神變自在。

天も測ることなし。此處を能々自得するときは。倚《ル》レ天《ニ》長剣逼《ツテ》レ人《ニ》寒《シ》。敵に對して敵あらばこそ。金翅鳥王の宇宙に當るが如し。其妙應なるや。愈出で々愈奇。青は藍より出で、藍よりも青し。又其日用事々物々上に於けるも亦然り。活潑自在にして物に滞らず。坐せんと要せば便ち坐し。行かんと要せば便ち行く。語默動靜一々眞源ならざるはなし。

【現代語訳】

剣術の流名を無刀流と称する訳書

無刀とは、心それ以外に刀はない、ということであり、三界にあるのは我一心ということである。内にも外にも本来無一物であるが故に、敵に対する時、前に敵はなく、後ろに我はなく、妙応無方（優れた対応に限りはなく）で跡を留めない。わたしが無刀流と称するのはこういう理由からである。

過去・現在・未来の三世から一切の万物に至るまで、何一つとして、心でないものはない。心というものは痕跡を残さないものであり、自由自在かつ無尽蔵である。東に現れ出るかと思えば西に消え、南に現れれば北に消える。まさに神変自在、天も予測することはできない。ここのところをよくよく自得するのであれば、まさに「天に倚《よ》る長剣、人に迫って寒し」（楠木正成*が、討ち死にの前夜に広巌寺の極俊禅師に生死の境について問うた時に禅師より与えられた「截断両頭　一剣倚天寒」という言葉によるものとされる）の境地であり、敵に対しても敵があるとも思われず、金翅鳥王（仏教における想像上の鳥で、仏法を守護する八部の異類〔＝八部衆〕の一つ）が宇宙に対するかのようである。その妙応であるさまは、現れるたびにますます奇となり、「青は藍より出でて藍より青し」とでもいうべきである。また、日用のあらゆる事物・現象においても同様であり、その働きは自在であって滞ることなく、坐ろうと思ったなら坐り、行こうと思ったなら行く。語る時も黙する時も、動く時も静かなる時も、いちいち真の自分でない時はない。心刀の働きとはかくも素晴らしいものなのである。

*楠木正成…一二九四〜一三四八年。南北朝時代の武将で、室町幕府を開いた足利尊氏と激しく戦った。

【原文】

無刀流剣術大意

一無刀流剣術者。勝負を争はず。心を澄し膽を錬り。自然の勝を得るを要す。

一事理の二つを修行するに在り。事は技なり理は心なり。事理一致の場に至る。是を妙處と爲す。

一無刀とは何ぞや。心の外に刀なきなり。敵と相對する時。刀に依らずして心を以て心を打つ。是を無刀と謂ふ。其修行は刻苦工夫すれば。譬へば水を飲んで冷暖自知するが如く。他の手を借らず。自ら發明すべし。

【現代語訳】

無刀流剣術大意

一　無刀流剣術は、勝負を争わず、心を澄まして胆を練り、自然の勝利を得ることを求める。

一　事と理の二つを修行するのであるが、「事」とは技であり、「理」は心である。その事と理の一致するところをもって妙所とする。

一　無刀とは何であろうか。心のほかに刀はないということである。敵と相対する時、刀によってではなく、心をもって相手の心を打つ。これを無刀というのである。その修行は、刻苦し工夫を重ねることで、例えば水を飲んで、その水の冷たいか温かいかを自ずから察知するように、他人の手を借りることなく、自ら生み出すところにある。

【原文】

門人に示す

剣術の妙處を知らんと欲せば。元の初心に還るべし。初心は何の心もなし。只一途に相手へ向って打込むで行計なり。是が我身を忘れたる證據なり。業の出來たる人は。思案分別が邪魔をして害となる。是を去れば則妙處を知る。先試に上手の人に打たれて見るべし。なかなか唯打たれることは出來ぬものなり。其所をどこまでも忍んで。我よりは決して打たじと覺悟して。心を動かさず。修行おこたらざるときは。なるほど、云場處あり。少しも疑の念をいれず修行して見よ。必ず妙處を發明するの時節あらん。

【現代語訳】

門人に示す

剣術の妙所を知ろうと思ったなら、もとの初心に帰るべきである。初心には余計な心がない。ただ一途に相手に向かって打ち込んでいくだけである。これは我が身を忘れている証拠である。技のできる人は、思慮分別が邪魔をして害となる。これを取り除きさえすれば妙所を知ることができるのである。まず試しに、上手の者に打たれてみるべきであろう。なかなかただ打たれるということはできないものである。そこのところをどこまでも耐えて、自分からは決して打つまいと覚悟して、心を動かすことなく、怠らずに修行に励めば、なるほどというところがあるはずである。少しの疑念も挟まずに修行してみることである。必ず、妙所を得る時がやってくるはずである。

【原文】

竹刀長短の是非を辨ず

上古より劍の寸尺は。十拳を以て定法となす。十拳は我半體なり。劍と我半體とを合すれば。敵に向ひ我全體と爲る所以なり。又八拳の劍あり。八拳は十拳を減殺するものにして。敵に向ひ我精神を鋭進する所以なり。古來擊劍を以て世に鳴り。一家の流義を傳ふる者皆十拳以下の竹刀を用ゐたり。然るに天保年間柳川藩大石進と云者あり。漫に勝負を爭ふより。始めて五尺以上の竹刀を作る。江戸に來りて諸道場に於て試合し。頗る勝を得たり。時に大石進と千葉周作との試合あり。大石は五尺餘の竹刀を以てし。千葉は之に應ずるに四斗樽の蓋を取りて鍔となせりと云。其爭ふ所戯技に過ぎずして。我所レ謂劍術には非ざるなり。爾後諸流の修行者。多く古法の眞理を知らず。世の風潮に隨ひて。竹刀の長きを以て利ありとなす。其淺學無識歎ずべきなり。苟も劍術を學ばんと欲する者は。虚飾の勝負を爭ふ可からず。當時浪人師匠と稱し。此術を以て名を衒らひ口を糊する者。勝負の甚だ道場の冷暖に關するを懼れ。竟に竹刀を長ふするの弊害を生じたり。今也劍道を恢復せんと欲せば。宜く先づ竹刀を作るに古法を以てし。眞劍實地の用に當らんことを要すべし。

【現代語訳】

竹刀の長短の是非を弁ず

昔から剣の長さは十握《とつか》（「つか」は小指から人差し指までの幅。十握で約八〇〜一〇〇センチ）をもって定法としている。十握というのは、自身の尋《ひろ》（両手を左右に伸ばした時の長さ）の半分であり、剣と自身の半尋分とを合わせれば敵に向かって一尋分の距離を確保できるということなのである。また、八握《やつか》の剣もある。八握だと十握より短いのであるから、敵に向かって自身の精神をより鋭いものにしなければならなくなる。古来、剣術によって世に聞こえ、一家の流儀を伝える者は皆、十握よりも短い竹刀を使っている。ところで、天保年間、柳川藩に大石進という者がいた。ことさら勝負に拘《こだわ》ることから、初めて五尺以上の竹刀を作り、江戸にやって来て諸道場で試合をしては、そのほとんどに勝利した。その大石進と千葉周作が試合をしたことがあった。大石は五尺以上の竹刀でもって臨んだので、千葉はこれに応じて四斗樽の蓋を竹刀の鍔にしたという。これはしょせん戯れに過ぎず、わたしが思うところの剣術ではないが、それ以来、諸流の修行者の多くは、古法の真理を知らないことから、世の風潮に従って、竹刀は長いほうが有利だと考えるようになってしまった。その浅学、不見識は嘆かわしいことである。かりにも剣術を学ぼうという者は、虚飾の勝負を争うべきではない。当節、浪人どもが師匠を名乗り、剣術に名をかたって暮らしを立てているが、彼らは、勝敗の結果が道場の消長を左右することを気にしすぎて、ついには竹刀を長くするという弊害が生じている。今、剣道を回復しようというのであれば、ぜひともまずは古法にのっとって竹刀を作り、真剣における実際の立ち合いにかなうようにする必要があるといえる。

【原文】

大工鉋の秘術

大工の鉋を遣ふには。あらしこ、中しこ、上しこ、の三つあり。其稽古をするに。先づあらしこを遣ふには。體を固め。腹を張り。腰をする。左右の手にひとしく力を入れて。荒けづりをする。つまり總身の力を込め。骨を惜まず。十分に働かざれば。荒けづりは出來ぬものぞ。次は中しこなり。中しこは。只だ總身の力を入れし計りにてはならず、自ら手の内に加減ありて。平らかにけづり。凡そ仕上の小口となるなり。されど荒しこの精神なければ。此中しこの。平らけきとなることなし。それより上しこの場に至るには。中しこの平らけき上を。又むらのなき様にけづるなり。それは一本の柱なれば。始より終り迄。一鉋にてけづらねばならぬ。柱の始より終り迄一鉋にてけづるには。心を修むるを第一とす。心修まらざれば。種々のさはり出來てむらとなる。むらとなれば仕上にならず。こゝが大工のかんなを遣ふ肝要のところなり。まづ心、體、業、の三つが備はらねばならぬぞ。心體業とは。鉋と人と柱との三つなり。人がけづると思へば鉋がとゞこほる。鉋がけづると思へば。柱がはなる、。そこで心體業の三つが備はると云は。鉋と人と柱と一所に働らくところ。是が手に入らねば。いつ迄大工鉋の稽古をしても。柱をよくけづることはならぬものぞ。柱を能くけづるには。初のあらしこをつかう稽古が第一也。是をよくつかひ得れば。中しこ上しこも遣ふことが出來る。されど上しこを遣ふに秘術あり。其秘術と云は別の事ではなし。心體業の三つを忘れて。只だすら〱と行く處にあり。これでこそ仕上が出來るなれ。其仕上の鉋と思はぬところが。秘術ともなんともいはれぬ。面白き味がある。是を學び得ねばなにを云てもむだ事ぞ。上しこの手の内は。自得でなければ。如何に思ふても傳ふると云ことは出來ません。

【現代語訳】

大工鉋《かんな》の秘術

大工が鉋を使う場合、あらしこ、中しこ、上しこの三つがある。その稽古をするにあたっては、まず「あらしこ」の場合は、体を固め、腹を張り、腰を据え、左右の手に均等に力を入れて、荒削りをする。つまり、全身の力を込めて、骨を惜しまずに十分に機能させなければ、荒削りはできないものである。次は「中しこ」であるが、「中しこ」は、ただ全身の力を入れるばかりのものではなく、自分の手並みの加減というもので平らに削り、仕上げにかかれる状態とするものである。しかしながら、「あらしこ」の精神がなければ、この「中しこ」において平らになるものではない。それから「上しこ」の段階に至るのであるが、「中しこ」で平らにした上を、更にむらのないように削るのである。それは、一本の柱であっても、始めから終わりまで一回で削らねばならない。柱を始めから終わりまで一回の鉋がけで削るには、心を落ち着けることを第一とする。心が安定していなければ、いろいろと支障が生じてむらとなる。むらが出てしまっては仕上げとならず、ここが大工が鉋を使う時の要諦なのである。まず、心、体、業の三つが備わっていなくてはならない。心体業とは、鉋と人と柱との三つである。人が削ると思うと鉋が滞る。鉋が削ると思うと柱が離れていく。心体業の三つが備わるというのは、鉋と人と柱とが一つところにおいて働くということであり、これが手に入らねば、いくら大工が鉋の稽古をしても、いつまでたっても柱をよく削ることはできないのである。柱をうまく削るためには、最初の「あらしこ」の稽古が第一で、これをうまく使うことができれば、「中しこ」も「上しこ」も使うことができる。しかしながら、「上しこ」を使うには秘術がある。その秘術というのはほかでもない、心体業の三つを忘れて、ただすらすらと行うということである。そうであってこそ、仕上げができるのである。その仕上げの鉋を仕上げと思わないところに、秘術というか何というか、面白い味わいがある。これを学び得ることができないのであれば、何を言っても無駄なことである。また、「上しこ」の手並みは自得すべきものであって、どのように思ってみても、伝えることはできないものである。

第五章

周囲の人々

知己、門人、そのほか鐵舟と接する機会のあった周囲の人々との交わりの諸相《しょそう》をもって第五章とした。

◉

山岡鐵舟は明治十三（一八八〇）年に剣と禅を大悟、無刀流を開くが、剣禅一如の道を歩む鐵舟の周りには、気がつけば、その人間力に引きつけられてか、様々な人々が集まってきていた。あたかも鐵舟という太陽を中心に一つの小宇宙が形成されていったかのごとくである。太陽の周りを回る惑星はその光と熱の恩恵を受けるが、鐵舟と近しく接する人々もまた感化を受ける。

この章では、鐵舟によって禅の道に導かれた幾人かの惑星の姿を描き出している。鐵舟の最期を看取ることになる医師の千葉立造《ちばりゅうぞう》、幕末・明治期を代表する落語家である三遊亭圓朝《さんゆうていえんちょう》等々である。その一方で、不用意に近づいて火傷《やけど》をおってしまった者たちもいる。その不用意な姿は姿で、鐵舟の禅に対する姿勢というものを我々に伝えてくれる格好の材料となっている。

◉中條金之助の話

幕臣の中條金之助《ちゅうじょうきんのすけ》は、維新の際には最初の彰義隊隊長に推された。家柄も年齢のほども鐵舟より上であり、剣術もなかなかに秀でていた。しかしながら、ひとたび鐵舟を知ると、鐵舟の人格に深く敬服し、自ら後進の礼をとるに至った。

維新後は富士の裾野に隠退し、専ら開墾に従事していたが、明治十三年に鐵舟が無刀流剣法を開いたと聞くと、わざわざ上京して鐵舟と試合を行った。ただ、鐵舟がたとえていうなら既に天に上って雲雨を叱咤する蛟竜《こうりゅう》*であるのに対し、彼は依然地中の存在である。あっという間に鐵舟に打ち伏せられてしまった。が、いっこうに参ったと言わないので、鐵舟は続けざまに五、六本打ち据えた。なんといっても鐵舟の腕が冴え切っているのだからたまらない。おかげで中條金之助は一時気絶せんばかりであった。

中條は鐵舟の無法をひどく憤り、怱々《そうそう》のうちに箱根に帰っていったが、ふと鐵舟の最初の一撃に自分が度を失い、参ったと言わなかったことに気がつくと、すぐさま引き返して、鐵舟の前で平蜘蛛のように両手をついて謝罪すると同時に、無刀流剣法の門人の列に加わったのであった。

*雲雨を叱咤する蛟竜…英雄や豪傑が大いにその才能を発揮する機会を得ることを例えた「蛟竜雲雨を得」をふまえた表現。

◉千葉立造を導く

医師の千葉立造は鐵舟に親炙《しんしゃ》すること、およそ十五、六年であったが、始めのうちの五、六年は岩佐純《いわさじゅん》の代診として鐵舟邸に出入りしていた。診療以外に余計な口をきくことがなかったので、鐵舟は甚だその素朴さを面白いと思い、ある日別室に呼び、居住まいを正して、突然、「あなたは医者ですか」と問うた。千葉は、何を言っているのだろうかと訝《いぶか》しがりながらも「そうです」と答えた。鐵舟は「では、病を診ることができますか」と問い、千葉は「相応に診断します」と答える。鐵舟は「では、病を診る時、患者が見えますか。あなたの身体がありますか」と続ける。千葉は「自分自身がなかったり患者が見えなかったりしては診察ができません」と答える。

すると鐵舟は高笑いして、「そんなことでまことに病を診られると思いますか」と言い、「それでは、あなたは『鞍上《あんじょう》に人なく、鞍下《あんか》に馬なし』という言葉を知っていますか」と尋ねると、千葉は「以前に聞いたことがあります」と言う。鐵舟は「この言葉は馬術の奥義であるが、総じて術というものの奥義はこの理に帰着する。故にこの理がわからなかったならば、馬術でも剣術でも柔術でも医術でも結局は盲人の手探りと異ならない。であるならば、あなたのように自分自身があったり患者が見えたりしては、まこと病を診ることのできるはずがない。病を診られないのだとすれば、いっそ明日より医者を辞めたらいかがです」と居丈高《いたけだか》に何度も繰り返し詰め寄る。

千葉は、たとえこの人が豪傑《ごうけつ》であるにせよ、また高官であるにせよ、医道においては全くの門外漢である、そんな門外漢にここまで侮辱されるのは無念なことこの上ないと、瞬間的には憤懣《ふんまん》やるかたなく覚えたが、次第にこの理のわからないうちは生きて再びこの人とは会うまいと決心し、「では、この理がわかる方法がありますか」と訊く。鐵舟は「もちろんあります。しかし、あなたにはこの理を究めるだけの根気がないでしょう。根気がなければその方法を聞いても無駄です。無駄なことは聞かないほうがよいでしょう」とまたまた繰り返し畳み掛ける（この同じ言葉を繰り返して詰め寄るのが、鐵舟がいつも使う活殺《かっさつ》の剣であった）。

すると千葉は憤激極まって身を震わせ、顔色を変えて、「しかし同じ人間ですから他人にできることがわたくしにできないはずはないでしょう」と言う。鐵舟はその機を見逃さず、「ならば『宇宙双日なく、乾坤只一人《けんこんただいちにん》』ということを参究《さんきゅう》*しなさい」と言い、「なお、これを参究するには四六時中下腹へ力を入れて、寝食はもちろん心身をも忘れるほどに励まなければいけない」と誨《おし》えを与えた。

この時以来、千葉は猛烈に取り組み、約一ヶ月の後、「乾坤只一人」を透過した。鐵舟は続けて兜率《とそつ》*の三関《さんかん》の「即今、上人の性、いずれの処にあるや」を授け、「これは『乾坤只一人』よりよほど難しいから、これまで以上に何倍も励まなければならない」と言ったものだったが、千葉はまさに一命を投げ出して取り組む結果となった。

というのは、あまりに下腹に力を入れたので、図らずも脱腸に及んだのである。千葉は大いに驚いたが、初志を顧みて、よしんば腹が破れて死んでも退くわけにはいかないと覚悟し、晒し木綿半反を腹に巻いてはなお猛進し、ついに「即今、上人の性」を透過した。鐵舟は引き続き、幾《いく》つかの糸口を授けていったが、千葉は破竹の勢いで透過する。とりわけ「心頭を滅却せば火も自ずから涼し」の則において、鐵舟は氏の英明さに深く感心することとなった。

そこで千葉は初めて脱腸した事実を明かし、「危うく先生に一命をとられかかったのです」と語ると、鐵舟は微笑んで、「うん、よく引っかかりました。なかなかこうは引っかからないものだが」と言って大いに喜び、一幅《いっぷく》の掛け物を出して千葉に与えた。

千葉がすぐに広げてみると、「白隠*」という落款《らっかん》があるので、「これはいかなる人ですか」と訊く。鐵舟は「百年前の高僧ですよ」と言う。すると千葉は急に眉を顰《ひそ》めて、「そもそも仏法は異端の教えであって、坊主はお婆《ばば》やかかあを騙《だま》してへそくりを巻き上げようとばかりしている、実に卑しいものだと心得ていますから、今日まで決して坊主と同席はいたしません。従って、坊主の書いたものなども、わたしの家の中に入れたことなどございません」と言う。

鐵舟は「世間にはそんな坊主もたくさんいるが、この白隠《はくいん》和尚は五百年間出*といって、古今に稀なる高僧で、今上天皇《きんじょう》から特に正宗国師《しょうじゅう》の徽号《きごう》を賜ったほどである。そして、例の『乾坤只一人』や『則今、上人の性』といったものは全て、白隠和尚のような高僧の方々が修行者たちに道を開く公案というものなのだ」というふうに、そのほか禅宗のことを詳しく語り聞かせたので、千葉はここで初めて自分がこれまで取り組んできたことが仏法の禅であったということを知り、その掛け物をありがたく受け取ることにした。そこで鐵舟はそれに、次のように裏書きした。

豆州龍沢寺始祖神機独妙禅師定之一字大書。在止至善知止而後有定之十字小書。即現住星定老師所贈予也。而今千葉道本居士参禅甚勤。因復贈之。庶幾護持焉。

（大意）

伊豆の龍沢寺の開祖白隠禅師の書で、「定」の大字の下に「在止至善知止而後有定」の十字を小さく書いたものである。現在の住職である星定老師から自分に贈られたものだが、千葉道本《どうほん》居士《こじ》の努力に対して、また贈るものである。請い願わくは護持せよ。

かくて、千葉立造は非常な仏教信者となったのである。

＊参究…参禅して、仏法を究めること。
＊兜率の三関…『無門関』に出ている公案。
＊白隠…一六八五～一七六八年。法名は慧鶴。江戸中期の禅僧で、臨済宗中興の祖といわれる。一七五八年、伊豆に龍沢寺を開いた。

＊五百年間出…五百年間に一人の存在ということ。

千葉立造はある時、まこと禅の修行をするには僧侶になって禅堂に入らねばいけないと考え、鐵舟にその意向を語ると、「それはまだ早い。世間ですべきことをしっかり果たした後のことだ」と言われたので、いったんは思いとどまったが、そののちまた思い返して鐵舟に伺うと、やはりまだ早いと言われる。しかし千葉はどうしても思い切れないので、三度目も許されなかったら許可なく禅寺に飛び込む覚悟で願い出ると、鐵舟はその心持ちを察し、「では、幸いにも近頃京都天竜寺の滴水老師が本郷の麟祥院《りんしょういん》へおいでだから、わたしの添書《てんしょ》を持参して弟子にしてもらいなさい」ということになった。

千葉は大いに喜び、すぐに添書を持参して滴水老師に会い、ひととおりその意志を述べると、老師は大喝一番、「医者が坊主になってどうするのだ」と言う。しかし、一途に思い込んでいる千葉には馬耳東風である。そこで老師は「至道無難」＊の公案を提起して、これを看破したかと尋ねる。千葉は「まだです」と答える。すると老師は激しい勢いで「至道とはいかに」と問い、千葉がその見解を示すと、次には「無難とはいかに」と問う。千葉が「それはわかりません」と言うと、「では、これを看破して来なさい」と課題を与えた。

千葉はこの公案を看破すればきっと弟子にしてもらえるのだと思い、勇躍、突き進んでいったが、十日の後、省みるところがあって老師のもとに急ぎ参り、「僧侶になるどころか、足のつま先すらも踏み出せません」と言う。老師はうなずき、「そこがわからないと皆うろたえるのだ」と言葉をかけた。千葉はすぐさま鐵舟を訪ねて、前非を悔いて謝罪したのであった。

＊「至道無難」の公案…『碧巌録』にある公案。

◉鐵舟の色情修行

千葉立造はまたある時、禅の修行をするには情欲を断たねばならないと考え、鐵舟にその旨を語ると、鐵舟は大いに驚き、「あなたはえらいところに気がつきましたね。情欲は生死《しょうじ》の根本だから、これを断たない間はいくら禅の修行をしたといっても、しょせんは道の半ば。しかし、情欲を断つというのは実に大難題である」と言い、「あなたはいかなる手段をもって情欲を断とうというのですか」と問うと、千葉は「一生妻を遠ざけ、情事を行わないつもりです」と答える。

鐵舟が「それは断つというのではなく抑えるというのだ。いわゆる臭いものに蓋《ふた》をするというやつだ」と言うと、千葉は「ならばどうしたらよいのでしょうか」と訊く。鐵舟は「まことに情欲を断ちたいと思うのなら、今よりも更に進んで情欲の海の激浪《げきろう》に飛び込み、懸命に努力してその正体がいかなるものなのかを見極めるしかない」と言う。折よく大徳寺《だいとくじ》の牧宗《ぼくじゅう》老師が来合わせたので、鐵舟はすぐに千葉の志を語り、氏のために教えを請うた。しかし老師は甚だ迷惑の様子で、「わしはわずかに*婆子焼庵《ばすしょうあん》の公案を看たくらいで、そのあたりの事情には全く不案内だ」と言って辞退し、そそくさと帰ってしまった。

そこで鐵舟が再び話を続けて語ったことは、「自分は二十一歳の時より色情を疑い、以来三十年、女性と接すること数限りなく、その間実に言語に絶する辛苦をなめた。そして四十九歳の春、ある日庭先の草花を見て、突然心が空っぽになった気がした。ここで初めて生死の根本を切断することができたのだ」というものであった。

*婆子焼庵…『宗門葛藤集』にある公案。

鐵舟の色情修行について、未亡人となった夫人が、「それは夫婦間の恥を話さねばなりません」と前置きした上で語ってくれたことは、

「鐵舟は二十一歳でわたくしと結婚しました。その当時より、しばしば独り言で『色情というやつは変なものだ。男女の間は妙なものだ』と言って小首を傾げていますので、わたくしはおかしなことを考える人だと思っていました。もともと鐵舟は何の道を修行するにも尋常なことでは満

足せず、徹底的に突き詰めようとする、そのためにはすべてを賭《と》してかかるという性質でした。

それでも結婚後二、三年は無事でしたが、二十四、五歳の頃から盛んに、飲む、買うというようになりました。もっとも一人の女に入れ揚げるというのではなく、なんでも日本中の商売女をなで斬りにするのだなどと同輩の者には語っていたようです。なんといってもその頃の鐵舟は、一命を投げ出している諸藩の浪士らと日々付き合っていましたので、わたくしはなりゆき上やむを得ないことと諦めていました。

しかし親族一同が騒ぎ出し、鐵舟を離縁するようにと何度かわたくしに迫るようになりましたが、わたくしは最後まで承知せず、鐵舟を弁護していました。ところが鐵舟はそんなことに少しも頓《とん》着《じゃく》しないので、ついに親族一同から絶交を申し込んで参りました。鐵舟は『それならかえって面倒がなくてよい』と言い、いかようにもご勝手にどうぞという応対でしたので、以来親族とは絶交となりました。

とはいえ、わたくしには女の意気地というものがなく、かれこれと心配のあまり、一年ほど患ってしまいました。その頃鐵舟はたいてい東京へ出ており、わたくしは子供三人と静岡の留守宅を守っていました。ところがある夜のこと、鐵舟の枕元に顔色は青ざめ身体は痩せ衰えたわたくしがしゃんと座っていたそうです。鐵舟は驚いて、『お前は英《ふさ》（夫人の名）ではないか』と言って、はっと起き上がったところ、その姿は消え失せてしまったとのこと。

程なく鐵舟は帰宅すると、じっとわたくしの顔を覗き込み、お前は怖い女だなと申しますから、わたくしが『なぜでございますか』と訊きますと、今の話をしてくれましたので、わたくしは思わず懐剣を取り出し、『放蕩をやめてくださらなければ、子供三人を刺して自害するほかございません』と泣いて諫《いさ》めました。

そこで初めて鐵舟は色情の修行のために放蕩をしていることを明かしてくれ、それを聞きますと、わたくしなりにいろいろと思い当たることもあって、なるほどと合点がいきました。鐵舟は『もうお前には心配はさせない』と言い、ばったり放蕩をやめましたので、親族一同も安心し、ついに兄泥舟（夫人は高橋泥舟の実妹）の発議をもって、鐵舟に山岡家の家督を相続させました。これがちょうど鐵舟が三十四歳の時だったと思います」というものであった。


またある時、鐵舟の実弟小野飛馬吉は、「兄鐵舟は色情の修行によほど骨を折ったとみえまして、ある時鐵舟が『色情というものは、生きとし生けるものの生死の根本だから実にしつこいものだ』と言いましたので、わたしは『色情なんてものは、誰でも年をとれば自然になくなるでしょう』と返しますと、鐵舟はこう言ってきました。

『ばかなことを言う。お前の言う色情は形而下《けいじか》のことだ。そんなものには俺は三十歳頃より心を動かさなかった。しかし、男女の差別《しゃべつ》心を除かねばまことではないと考え、そのために非常に苦労した。そして、四十五歳の時に〈両刃、鋒を交えて避くるを須いず〉の境地に達してからは、あらゆるところに物我一体の境涯を受け入れたが、それでも仔細に点検すると男女間のほんのわずかな気分が習慣のために消えずに残っているので、更に努力して四十九歳でようやくそれをも根絶やしにした』」と語ってくれた。

◉内田宗太郎を導く

ある時、田舎から出てきた一人の若者が鐵舟に面会を求めた。鐵舟がすぐに会うと、若者は、「わたくしは越前国三国港《えちぜんのくにみくにこう》の者で内田宗太郎《うちだそうたろう》と申します。わたくしの家は、元は土地の素封家《そほうか》などと言われておりましたが、父の代より非運に傾き、今は全く没落してしまいました。

そこでわたくし、不才ながら官吏になって家を再興しようと志し、二ヶ月前に東京に出て参りました。あちらこちらと官吏になるつてを探しておりますと、ある人から山岡鐵舟という人は非常に男気があり、よく人の世話をなさると聞きましたから、早速お伺いいたしたのでございます。なにとぞしかるべき官吏にお取り立てを願います」と何度も頭を下げて頼み込んだ。

鐵舟は最前からつくづく宗太郎の様子を見て、これは世間の名利を盛る器ではないと察していたが、「うむ、宜しい」と承諾し、しばらくして「しかし官吏になるためには多少の学問経験を要するが、お前にはその素養があるか」と訊いた。宗太郎は「いや、少しもございません」と言う。鐵舟は「では、官吏にはちょっと難しい。いっそ商人か職人になってはどうだ。それなら今日にもすぐ世話をしてやろう」と言う。

するとと宗太郎ははらはらと涙をこぼし、「わたくしは郷里を出る時、立派に官吏になって家を再興しますと言ってきました。それが今さら商人や職人になっては郷里に対して面目がございません。ですから、どのような苦労をも厭いませんので、これより官吏の稽古をいたしたく存じます」と言う。鐵舟は「なるほど、それはもっともな次第だが、今から時間をかけて官吏の稽古をしてもおれまい。そこでこの俺にごく手っ取り早く官吏になれる唯一の秘訣《ひけつ》がある。この秘訣さえ会得すれば、大臣参議の官職でもどうということはない。その代わり少し骨は折れるが、なに、十日か二十日も一生懸命になればよいのだ。お前はどんな苦労でもすると言うから、一つこれを手に入れよ」と言って、*趙州無字《じょうしゅうむじ》の公案を授け、そのうえ工夫の仕方を教えてやった。

宗太郎は官吏になりたい一心でただがむしゃらに突き進んだが、ついに二十日余りで「無字」の境地に行き着くと、鐵舟のもとに大急ぎで駆けつけた。鐵舟が「どうだ、まだ官吏になりたいか」と問うと、「もはや大臣参議になりました」と答える。鐵舟は喜び微笑んで、大杯でもって宗太郎に酒をふるまった。

その後、宗太郎が鐵舟に「先生の鐵の一字を冠して居士号を付与していただきたい」と請うと、鐵舟はすぐさま「うむ、鐵針《てっしん》がよい」と言って、机上の巻紙に「鐵針居士」と書いて与えた。宗太郎はしばらくこれを眺めていたが、「先生、鐵針とはなんだか変でございますな」と不満な様子である。すると鐵舟はすぐにその余白に「針鋒影裡大鵬に騎《の》る」と書いて、「どうだ、面白いではないか」と言ったので、宗太郎は思わず省みるところがあって、この時より、全く名利にとらわれることがなくなったという。

＊趙州無字の公案…『無門関』にある公案。

◉平沼専蔵を諭《さと》す

ある時、長男を失って悲嘆にくれた平沼専蔵《ひらぬませんぞう》は、号泣しながら鐵舟のもとを訪れ、「わたくしは今日より仏門に入って亡児《ぼうじ》の菩提《ぼだい》を弔《とむら》いたいと思います。先生、なにとぞご指導をお願いします」と言い出した。

鐵舟は、「うむ、わたしもかつて長男を亡くしたから実に同情に堪えない。しかし仏門に入って、日々ただ経陀羅尼を読んでいたとしても何の功徳《くどく》になるものでもない。まこと亡児の菩提を弔うには、仏道修行をして衆生済度《しゅじょうさいど》ができるほどの名僧、有徳の賢者にならねばならない。

わたしが察するところ、お前はそのような人間にはできていない。どこまでも商人の器である。殊にお前は金銭に因縁が深いようだから、商人で貫けば他日長者になるに違いない。そして長者になった上で、大いに慈善をやるがいい。その功徳はすべて亡児に報《むく》うものだ。いたずらに頭を剃って経陀羅尼を読んでいるより遥かに勝る。だから、婦女子のような感情は投げ捨て、凛々《りり》しく亡児の弔い合戦をする気になって、明日より金儲けのほうに突進してはどうだ」と、懇々と諭《さと》したので、平沼は翻然《ほんぜん》と悟り、以来これまでの数倍の努力を傾け、ついには天下の長者となった。

後年、彼はしばしば鐵舟に向かい、「わたくしの身代の大半は先生の賜物ですから、何かご恩返しをしたく存じます」と言っていたが、鐵舟はその度に「わたしに報おうとする代わりに、一生懸命慈善をしなさい」と答えるのが常であった。

明治二十一年七月、鐵舟が危篤となった際には、全生庵維持のため、谷中真島町《やなかまじまちょう》一帯の地所を寄付したいと願い出たのだが、鐵舟はとくと考えておくと言ったまま帰らぬ人となった。平沼専蔵は甚だ遺憾に思って、せめてものことにと鐵舟の肖像と詩文の碑を全生庵境内に建設し、その建碑供養を兼ねて盛大な追弔法会《ついちょうほうえ》を営んだのであった。

◉三遊亭圓朝の桃太郎

鐵舟はある時、三遊亭圓朝を招いて、「わたしは子供の時分、母から桃太郎の話を聞いて非常に面白く感じた。今日は桃太郎を一席語ってくれ」と要望した。そこで圓朝は、得意の弁舌にいっそうの縒《よ》りを掛けて演じたが、鐵舟はさも不興げに「お前は舌で語るから肝心の桃太郎が死んでしまっている」と言う。さすがの圓朝もこれには大いに面目を潰したが、内心ひそかに、この先生は禅をおやりになるから、こんなおかしなことを言われるのだと思い、そのまま引き下がった。

しかし、それ以来圓朝は、世の中の人が自分の落語にやんやと騒いでくれるにもかかわらず、どうにも物足りない気がしてならないので、ある日鐵舟の屋敷に赴き、事細かに実情を明かし、「わたくしごとき者にでも、できることであるのならば、禅をやりたく存じます」と言うと、鐵舟は「当然そうあるべきだ。今の芸人は、人が喝采《かっさい》さえすれば、すぐにうぬぼれて名人気取りになるが、昔の人は自分の芸を始終自分の本心に問い掛けて修行したものだ。しかし、いくら修行しても、噺家《はなしか》であれば、その舌をなくさない限り本心は満足しない。役者であれば、その身をなくさない限り本心は満足しないものだ。そしてその舌や身をなくす法は、禅をおいてほかにはない。だからこそ昔の諸道の名人は皆禅に入っている。その禅をやるには智恵も学問もいらない。

ただ根気さえあればよいのだ」と言って聞かせたのであった。

そこで圓朝は「わたくしは愚鈍ながら芸への執心においては決して人に譲らないつもりでございますから、ぜひ今日より禅をやらしていただきたい」と懇願したので、鐵舟は趙州無字の公案を授けた。以来二年間、圓朝は辛苦を重ね、ひとたび「無字」の境地に至ると、大急ぎで鐵舟のもとを訪ねた。鐵舟が「では、桃太郎を語ってみよ」と言うと、圓朝はすぐに演じた。すると鐵舟は、「うむ、今日の桃太郎は生きているぞ」と言葉をかけたのであった。

その後、千葉立造の家で、滴水老師と鐵舟とが相談して、「無舌《むぜつ》居士」の号が付与されることとなった。こういった事情があってか、圓朝が門弟に稽古させる時は、専ら桃太郎の話をさせたということである。

◉鐵舟の禅

ある時、矢野壽光《やのじゅこう》が越叟《えっそう》禅師を訪ね、「わたくしはこの頃円覚経《えんがくきょう》を拝読して、いささか悟るところがありましたから、居士号を与えていただきたいと思って伺いました」と言う。そこで禅師は「兜率《とそつ》の三関」を挙げて問うたが、よどみなく答える。禅師は、「では、わしが居士号をやってもよいが、お前さんのような者は山岡にもらったほうがいいだろう」と言って、一通の添書を渡した。

矢野は早速鐵舟邸に赴いたが、途中で、山岡がどういう人物かを見るのにこの添書を出しては面白くないと思い立ち、鐵舟に面会すると何食わぬ顔で突然、「わたくしに居士号をください」と言った。鐵舟はその言葉を聞くとすぐさま、「あなたは自然《じねん》の人ですな。自然居士がよいでしょう」と言うと、筆をとって「自然居士」と書いて与え、「あなたも仏法のありがたみを知ったら、一生懸命にその護持に励みなさい」と言ったきり、もう用はないとばかりに口を閉じて何も言わなくなった。矢野は胸中の存念《ぞんねん》の持って行き場がなくなり、空しく礼を述べて退出した。

帰途、禅師へ添書を返し、「山岡という人は実に明鏡のようなものですな」と言って驚嘆したので、禅師は「お前さんの不正直がよく映ったであろう」と言って大笑いしたという。


ある時、一人の士人が鐵舟のもとを訪れ、「先生について禅をやってみたいと思います」と言った。鐵舟は「あなたは何の目的で禅をやろうと思うのですか」と訊く。士人が「拙者は洒々《しゃしゃ》落々円転滑脱《らくらくえんてんかつだつ》の境涯を得たいと思います」と答えると、それに対する鐵舟の言葉は「自分の禅は士人がやれば士道となり、商人がやれば商法となる。あなたのような目的ならば、幇間《ほうかん》の露八の禅にでも参禅したらよいでしょう」というものだったので、士人は恥ずかしげに辞去したという。

とある古参の居士が、ある時鐵舟に臨済録《りんざいろく》の提唱《ていしょう》を求めた。鐵舟は「それは鎌倉の洪川和尚に就いて聞くのがよいでしょう」と言う。その居士は「いや、洪川老師の提唱は以前に伺っていますが、最近先生が滴水老師の印可を受けられたと承ったので、このたびは先生の御提唱をぜひ一度伺いたいのです」と言う。

鐵舟は「そうですか、わかりました。では、やりましょう」と言いつつ立ち上がってその居士を剣術の道場に誘い、門人とひとしきり剣の稽古をすると元の部屋に戻って、「わたしの臨済録の提唱はどうでしたか」と問うた。その居士は呆然として黙ったままである。

そこで鐵舟は声を強めて、「わたしは剣客だから剣道で臨済録の提唱をしたのだ。これがわたしの本分である。わたしは決して僧侶の真似などはいたさぬ。人真似はすべて死んだものである。たとえ碁や将棋であっても、それを自分自身に生かすのであればまことに有益だが、禅といっても死んだものとなっては、結局のところ道楽仕事に過ぎない。あなたは長年禅をやっておられると聞くが、臨済録を書物とばかり思っていては困りますね」と言い、一笑をもって話を終えた。その居士は深く反省して帰っていったという。

＊臨済録…臨済宗の開祖である唐の僧臨済義玄（不明〜八六七）の言行をその弟子が編集したもの。
＊提唱…禅宗における、宗旨の大綱を提示しての説法。

ある時、今大路道斎《いまおおじどうさい》が鐵舟に「先生の奥様やお子様方は皆、さぞ禅がおできになることでしょう」と言うと、鐵舟の答えは「いや、わたしの妻子はいずれも不肖《ふしょう》の身で禅をやらせる器ではないから、以前より雲照《うんしょう》律師に帰依《きえ》させています」というものであった。

そこで今大路が「禅は男女も賢愚も関係のないものと承っていますが」と疑問を呈すると、鐵舟は「それはその通りである。そもそも禅は根気仕事だから、根気さえあれば男女賢愚にかかわらずできるものなのだが、もし根気がなかったら男女賢愚にかかわらず駄目である。根気のない者に禅をやらせるのは、例えば自分のような胃病の者に牛肉を丸呑みさせるようなもので、一般に害はあっても益はない。だからこそ古人も『禅は大丈夫の事なり』と言っているのである。人々すべてにこの大丈夫の根気があれば、仏教は禅の一法で事足りるだろうが、そうはいかないから種々の法門が設けてあるのだ」と答えた。

今大路が「先生のお話はよくわかりました」と言いつつ、「しかしある禅師は、『生きとし生けるものすべてに仏性《ぶっしょう》がある。わしに参禅するものは猫でも杓子でも皆悟らせる』と言っていて、不思議にも参禅する者は皆、なんらかの境地に至っているようです」と洩らすと、鐵舟は「そんなものは禅でも何でもない。世間のなぞなぞに毛が生えたようなもので、多少理屈はわかっても、生死の解脱とは無関係である。結局のところ師家《しけ》*も学者も妄想の上塗りをしているのだ。が、もはや白隠が去って百二、三十年になるから、そろそろそんな化け物が出て来ようとしているのかね」と言って、嘆息をもらさんばかりであったという。

*師家…大悟徹底した禅僧のこと。

ある時、某僧侶が鐵舟に「先生と鳥尾《とりお》*さんのおかげで禅は日増しに盛んになります」と言った。鐵舟は「貴僧は禅が盛んになるのを希望されるのか。それでは世俗の競争心と同様ではないか。世俗はおしなべて競争心に駆られ、苗の生長を早めようとして苗を引っ張っては抜くという愚を演じている。たとえ自然のなりゆきに任せたとしても盛者必衰は逃れ得ない定めである。であるから、鳥尾はいざ知らず、自分はずっと禅を仏教の根源だと信じ、ただひたすらそれが強固かつ深淵であらんことを祈っている。要は、禅の表面的な隆盛を求めるあまり、仏教の全精神が摩滅してしまうことを恐れるのである。それを自分らのために禅が盛んになるなどとは無礼なことこの上ない」と言い、むっとして席を立ったという。

*鳥尾さん…鳥尾小弥太《こやた》（一八四七～一九〇五）のこと。明治時代の軍人・政治家、子爵。鐵舟と同じく、滴水老師に参禅した。号は得庵《とくあん》。

ある事件で鐵舟の世話になった書家の土肥樵石《どいしょうせき》が、ある日鐵舟を訪ねて、「本日は先般のお礼を申すべきところなれど、申しません。その代わりに先生と書論を試みたいと思うのですが、いかがです」と言うと、鐵舟は「それは面白い、大いにやりましょう」と応じた。

そこで樵石が「わたくしの字は一画三折の法で書きますが、先生は何の法で書きますか」と問うと、鐵舟の答えは「一画三折法も結構でしょう。しかしわたしはあなたとは違う。自分は無法で書く」というもの。樵石は茫然とするだけでその意味がわからない。

そこで鐵舟はたとえを持ち出して、「ここに二人の大工がいて、一人は墨糸《すみいと》に頼らなければ仕事ができないが、一人は墨糸も何もなくてもさっさと仕事ができるとすれば、あなたは二人を比べてどちらが勝っていると思われるか」と言う。樵石が「ははあ、なるほどこれは御高論です。敬服いたしました」と答えたところ、鐵舟は更に「字はそもそも筆で書くものか、心で書くものか」と問いを発した。樵石はしばらく深く考え込み、「いや、わたくしはいまだその辺のことを研究していません。いずれとくと研究して、改めてお伺い申します」と言って、怱々のうちに去っていった。

後で鐵舟が居合わせた千葉立造に語った言葉は、「もう少し手強いかと思ったが、案外もろかった。実はあそこで樵石が筆で書くと言ったのなら、すぐに字を知らない車夫を縁先に呼んで字を書かせてみるつもりであったし、心で書くと言ったのなら、その筆をひそかに取り上げておいた上で、樵石の前へ紙を広げ、さあ心で書いてみよとやるつもりだった。ここまで追い詰めて彼を*済度《さいど》しようと思ったのに、惜しいことをした」というものであった。

*済度…迷いから救うこと。

◉死にもしないし、生きもしない

鐵舟は明治十三年三月三十日に無刀流剣法を開いたので、以来毎年三月三十日を、稽古始めを兼ねて記念の祝日とし、門人一同に飲めや食えの無礼講を許すのが常であった。ある年の当日、内田宗太郎が偶然に来会し、鐵舟の宴席に加わっていた。

すると一人の門人がその部屋にやって来て、両手をついて何事かを鐵舟に言おうとして突然吐《と》瀉《しゃ》し、畳半分ほどに時ならぬ八百屋を開店した。鐵舟はこれを見ると、つっと立ち上がり、門人を押しのけるとその吐瀉物を片っ端から食い、瞬く間に平らげると席に戻ってきた。

宗太郎が驚いて、「先生、どうなさいました」と訊くと、鐵舟は「うむ、ちょっと*浄穢不二《じょうえふに》の修行をしたのだ」と言って平然としている。宗太郎が「しかしあんなものを召し上がっては毒でございましょう」と言うと、鐵舟は「身体などを顧みていては何事も十分にやれるものではない。

見てみよ、今時の諸道の修行者は皆、畳の上の水練だから役に立たないではないか」と答えたという。

＊浄穢不二…清浄と汚穢との差別を超越していること。

ある夜、鐵舟が大蔵経《だいぞうきょう》を書写していると、傍《かたわ》らより内田宗太郎が「先生が百まで生きられたとしても、とても大蔵経はできあがらないでしょう」と話し掛けた。鐵舟は「なに、これが終わったら、今一度、次は草書でやるつもりだ」と答える。

宗太郎は、先生も大法螺《おおぼら》を吹かれることだと思うと同時に、思わずエヘヘと笑い声を洩らした。すると鐵舟は筆をとめて宗太郎を鋭く睨みつけ、「俺は死にもしないし、生きもせぬぞ。この糞袋が古くなったら張り替えてやればいい。大蔵経の一つや二つは何でもないことだ」と言ったという。が、少し経ってからは更に「禅の修行は生死の凡情《ぼんじょう》を除くのが肝心だ。だから古人も『ただ凡情を尽くせ、ほかに聖解《しょうげ》の道はない』」と言っている。禅の修行をしながら凡情を除かねば、入浴して垢を落とさないのと同様である」と言って、宗太郎を懇々と諭したのであった。

またある夜、小野古風が「大蔵経を書写なさるとは大変なことですな」と言うと、鐵舟は「なあに、ただ一枚を書くと思ってやっていますから、何の造作もありません」と答えたという。

＊凡情…煩悩。
＊聖解…菩提。悟り。

雲照律師がある時、鐵舟と夫人を目白《めじろ》の自坊に招待し、まず鐵舟に向かって「今日は先生にも＊十善戒《じゅうぜんかい》をお授け申したい」と言った。すると鐵舟は「いったい貴師は形のないものに向かって、どう十善戒をお授けになるのか」と問うた。しかし、律師は一言半句もなかったので、鐵舟はむっとして帰ってしまった。

＊十善戒…不殺生・不偸盗・不邪淫・不妄語・不綺語・不悪口・不両舌・不貪欲・不瞋恚・不邪見の十善を保つための戒。

◉最上のものを手本とせよ

千葉立造はある時、書を学びたいと思ったので、鐵舟に何を手本として選べばよいかを尋ねた。鐵舟は「書は古今、＊王羲之《おうぎし》に勝る者はいないから、王羲之を手本にしなさい」と言う。千葉が「ある人が言うには、初心者に王羲之は取っ付きにくいから、＊米芾《べいふつ》、＊子昂《すごう》、＊董其昌《とうきしょう》などから入るほうがよいとのことですが」と言うと、鐵舟は「そんな卑屈なことを言うのか。もし、天下に王義之の書しかなかったら、誰の書を学ぶのか。だいたい師匠というものは最初から最善の人を選ばねばならないものなのだ。自分が普段、剣術修行に訪れる者と接してみても、その技術の巧拙にかかわらず、竹刀を交えてみれば、すぐにその師匠のよしあしがわかる。だからこそあなたが書を学ぶのであれば、必ず王義之を手本としなさい」と言って、秘蔵していた王義之の「宋刻*十七帖」を与えた。

千葉は後年、これを翻刻して知人に分配し、原本は長く鐵舟の遺愛を保存するため日光東照宮《にっこうとうしょうぐう》に納めたという。


*王義之…三二一〜三七九年（他に諸説あり）。東晋の書家。

*米芾…一〇五一〜一一〇七年。北宋の画家・書家・文人で、書は王義之親子を学んだ。

*子昂…元の詩人趙孟頫《ちょうもうふ》（一二五四〜一三二二）のこと。子昂は字《あざな》。書画にも巧みであったとされる。

*董其昌…一五五五〜一六三六年。明の文人で、詩・書・画に通じ、書は行草を得意とした。

*宋刻十七帖…宋の時代に翻刻した王義之作の「十七帖」。


公爵徳大寺《とくだいじ》家は、*藤原時平《ふじわらのときひら》の直系なので、その昔より代々、決して*菅公廟《かんこうびょう》へは参詣しないという確執を伝えていた。鐵舟はある時、この件を聞き及び、徳大寺実則《さねつね》に向かって「天下の政治も維新を迎えた今日であるから、ぜひ菅原道真《すがわらのみちざね》公と和解されるべきである」と勧告すると、実則はなるほどとうなずいて、早速太宰府《だざいふ》の菅公廟（太宰府天満宮）に参詣した。

また、徳川家一門と伯爵柳沢家《やなぎさわ》とは、五代将軍以来、一種のわだかまりがあったので、これもまた鐵舟が徳川家達を説いて、鐵舟邸において両家和解の会合を催したという。

＊藤原時平…八七一〜九〇九年。左大臣の時、宇多院の信任の厚い菅原道真を失脚に追い込んだ。
＊菅公廟…菅原道真の霊を祭る建物。

ある人が鐵舟に「海舟さんや泥舟さんは揮毫を大いに自重されていますが、先生のように無造作に御揮毫なさいましては全く価値がなくなります」と言うと、鐵舟は「わたしは自分の書を求める者がいるので、それに応じているだけで、その気持ちを袖にするのは本意ではない。書を売るという考えなど全くないのだ。だから人がわたしの書で鼻をかもうが尻を拭こうがわたしには関係のないことだ」と答えたという。

またある人が、「これまで御揮毫になった墨蹟《ぼくせき》は大変な数でしょうな」と言うと、鐵舟は「なに、まだ三千五百万人*に一枚ずつ行き渡りはしないね」と言って、笑いとばされたとのこと。

＊三千五百万人…当時の日本のおよその総人口とされる。

鐵舟はある時、病を得て家に引きこもることとなったが、いっこうに薬を飲まないので、夫人はひそかに千葉立造のもとに使いを遣わし、来診の上、服薬を勧めてくれるよう依頼した。

そこで千葉はすぐに鐵舟を訪ね、ひとまず診察して、「先生は常に、今なお修行の真っ最中だとおっしゃいますが、ご修行をなさるにはお身体が健康でなくてはいけませんから、ぜひとも薬を召し上がってください」と言った。すると鐵舟は「今少し考えるところがあるから、服薬は御免こうむりたい」と言う。千葉は不審に思い、「何事をお考えなのですか」と訊くと、鐵舟の答えは「それは外でもない、神農《しんのう》*以前には医者も薬もなかったというから、神農以前の人間と今日の我々とは異なるものなのかどうか試しているのだ」というものであった。これには千葉も、ハアと言ったきり返す言葉がなかったという。

＊神農…中国古伝説中の帝王で、人身牛首、民に耕作を教えたことから神農大帝といわれ、百草を嘗めて医薬を作ったとされる。

◉価値ある借用証文

鐵舟はある時、懇意の金貸しの村松某から金千円を借りた。数日後、村松某はわざわざやって来て証文を求めた。鐵舟は「構わんよ」と言って、すぐ傍らのありあわせの大雅仙紙《たいがせんし》を広げ、

なくて七癖、わたしのくせは、借りりゃ返すがいやになる

右の癖これ有り候間、証文にて借用金は一切出来申さず候。貰いの事は少々出来申すべくと存じ候（右に記したような癖があるから、俺の借金の証文なんて意味はないが、もらうのだったら多少のところは構わない）。

と書き記し、これが俺の証文だと言って渡す。村松某はこれを見て愕然《がくぜん》とし、顔色を失ったから、鐵舟は手を打ってからからと大笑い。村松某はどうしようもないのでこれを手に帰宅した。

するとある人が、「その文句といい書といい、またとないものだ」と賞嘆し、しまいには千円で譲り受けたいと言ったので、村松某は急にありがたいものと思うようになり、表装して家宝とした。そして期日に至って鐵舟が返金に及ぶと、村松某は詳細にことの次第を語り、「この金は例の証文を書いていただいたお礼です」と言って、決して受け取ろうとはしなかった。それで鐵舟は更に数千枚の墨蹟を揮毫して与えたのであった。

鐵舟はある時、宮中の御前会議に列し、*森有礼《もりありのり》の次の席で終始恭《うやうや》しく謹み、黙していた。すると森はこのことをもって嘲笑し、「山岡、貴様は人形か」と言う。鐵舟は手にしていた扇子で森の顎《あご》を突いてそのままぐいっと押しやる。森は危うく椅子から落ちそうになるところをなんとか

踏みとどまり、かっとして鐵舟を睨む。鐵舟は、人形でございと言わんばかりに素知らぬふうである。少し経って森は休憩室に入り、山岡という奴は馬鹿力の強い野郎だと、人に向かって余憤をもらしていたという。

＊森有礼…一八四七〜一八八九年。外交官・政治家。明六社を結成して「明六雑誌」を発行。初代文部大臣。

三遊亭圓朝（さんゆうていえんちょう）

怪談噺や芝居噺を得意とした初代三遊亭圓朝は、多くの創作落語をものしたが、その多くが芝居にもなり、噺は口演速記によって記録され、出版されてもいる。また、多くの弟子を育成し、三遊亭一派の中心としても江戸落語の隆盛《りゅうせい》に貢献している。明治の落語界に残した足跡は大きく、それゆえに大圓朝と謳われた落語家であるが、その墓は、山岡鐵舟と同じく全生庵にある。

もちろん、それは偶然ではなく、石塔に鐵舟生前の書によって「三遊亭圓朝無舌居士」と刻まれていることからもわかるように、圓朝と鐵舟との結びつきは深い。しかし、二人は若くして出会って交遊を重ねた、というわけではない。圓朝が鐵舟を知ったのは明治十（一八七七）年とされるが、鐵舟より三歳年下の圓朝はこの時三十九歳、不惑《ふわく》を迎えようという歳であり、既に名声をほしいままにし、落語界に確固たる地位を築いていた。にもかかわらず、このような結びつきが生じたということは、その遅い出会いが圓朝にもたらしたものがいかに大きいものであったかということを物語る。

三遊亭圓朝は、天保十（一八三九）年四月一日に江戸の湯島《ゆしま》で生まれている。本名は出淵次郎吉《いずぶちじろきち》。父は橘家圓太郎《たちばなやえんたろう》という寄席《よせ》芸人であった。その縁か、弘化二（一八四五）年、七歳の時に小圓太の名で寄席に初出演、九歳で父の師匠の三遊亭圓生《えんしょう》（二代）に入門（当初は住み込みで修行）、嘉永二（一八四九）年に二ツ目に昇進するも、一時落語家を辞め、商家に奉公したり、歌川国芳（一勇斎国芳）の内弟子になって画工の修行をしたりしたが、結局寄席の世界に舞い戻る。

安政二（一八五五）年には、初代圓生の墓前で隆盛する柳派に対して衰微しつつあった三遊派の再興を誓い、名を圓朝と改め、二流の寄席ではあるが初めて真を打つ。この時点でまだ十七歳である。三年後、*書割《かきわり》の道具を高座に配し、*鳴り物を使って芝居の雰囲気を演出する「鳴り物入り道具噺」を始めるようになると大いに人気を得るが、師の圓生との間に軋轢《あつれき》を生じるようになり、それをきっかけに創作をするようになる。明治に至って完成する名作「真景累ヶ淵《しんけいかさねがふち》」の原型もこの頃生まれている。

文久三（一八六三）年には、仮名垣魯文《かながきろぶん》や河竹黙阿弥《かわたけもくあみ》などの戯作者《げさくしゃ》や通人が作った「粋興連」というグループ（ここから三題噺の流行が発信された）に加わって当時の知識人と交流し、元治元（一八六四）年からは、当時の寄席では最高の舞台と言われていた両国《りょうごく》の寄席「垢離場《こりば》」で真打をとる。かくして落語界のトップランナーとなった圓朝は、三十歳で明治維新を迎える。

明治に入っての圓朝は、明治五（一八七二）年には弟子の三代目圓生に道具を譲って自分は扇子一本による「素噺」に転向、明治八（一八七五）年の寄席芸人の団体「睦連《むつみれん》」の結成にあたっては相談役となり、翌年には「朝野《ちょうや》新聞」に漢学者信夫《しのぶ》恕軒《じょけん》による漢文の「三遊亭圓朝伝」が掲載されている。まさに貫禄十分の第一人者といった趣《おもむき》だが、そこに何か浮薄《ふはく》なものを潜在的に感じてもいたのであろうか、翌明治十年に山岡鐵舟と出会って、禅道に帰依することになるのである。

もっとも、禅に対する素地は準備されていたようで、十代の頃には異父兄が住持《じゅうじ》をしていた禅寺でともに生活をし、その兄の勧めで坐禅に励んでいる。この兄は圓朝が二十四歳の時に三十三歳の若さで亡くなり、以来禅からは遠ざかるのだが、明治十年、*陸奥宗光《むつむねみつ》の贔屓《ひいき》を受けていた縁で、その父である伊達自得居士の禅学の講義を聞く機会を得る。そこで高橋泥舟と知り合い、泥舟の紹介によって、圓朝は鐵舟と出会うことになるわけである。

かくて前述の通り、鐵舟との交流によって圓朝は禅に開眼し、滴水老師によって「無舌居士」の号を与えられる。人格的にも磨き上げられた圓朝はいよいよ芸道にも精進していくことになり、翻案物《ほんあんもの》などにも積極的に取り組む。そして、明治十七（一八八四）年の『怪談牡丹燈籠《ぼたんどうろう》』の出版を皮切りに、圓朝の噺は口演速記として出版されたり、新聞に連載されたりするようになる。おかげで、実際に寄席に行けない人も圓朝の噺を知ることとなり、圓朝の名はいよいよ大きくなる。

また、この口演速記は言文一致運動にも少なからず影響を与えたようで、二葉亭《ふたばてい》四迷《しめい》が文章の書き方を坪内逍遙《つぼうちしょうよう》に相談したところ、「圓朝の落語のように書いてみたらどうか」と言われ、それがきっかけで『浮雲《うきぐも》』が生まれたといわれている。

出会って十年ちょっと、明治二十一（一八八八）年に鐵舟は没するが、その三年後に圓朝は席亭《せきてい》との軋轢から東京の寄席を引退、上方への出演や新聞への口演速記発表などに活動の場を移すことになる。圓朝が東京の寄席に再び出るのは、明治三十（一八九七）年に弟子のスケ＊としてであるが、その二年後に発病、翌明治三十三（一九〇〇）年八月十一日、圓朝は新世紀を待たずにこの世を去る。

奇《く》しくも、この明治三十三年という年は、一月に滴水禅師が、七月には山岡英子《ふさこ》（鐵舟の未亡人）が亡くなっており、鐵舟に縁のある人の死去が続く年となったが、圓朝がそのトリを務めることとなったのである。

＊書割…大きな板に風景や家を描いた舞台セット。
＊鳴り物…舞台をにぎやかにするための太鼓や笛など楽器の総称。
＊陸奥宗光…一八四四〜一八九七年。幕末・明治期の政治家、外交官。外務大臣として、諸外国との不平等条約の改正に尽力した。
＊スケ…代演のこと。

第六章

功名無用

第六章には、『談判筆記』成立の経緯を中心に、比較的年月が明らかな明治期の鐵舟の動向を編年的に収める。

◉

十年と期限を設けて明治天皇の侍従となり、残すところ一年となった明治十四（一八八一）年、明治政府は維新の際に功労のあった者に論功行賞を実施すべく、旧幕臣に対しても勲功調査を行った。鐵舟もその対象者であったが、この時の拘《こだわ》りのない態度が結果として「慶應戊辰三月駿府大總督府ニ於テ西郷隆盛氏ト談判筆記」を鐵舟に書かせることとなる。ことの経緯は本文に譲るが、このあたりのくだりは勝海舟との対照の妙が自然と炙《あぶ》り出されてくるエピソードだといえる。あわせて編者の全生庵三世・圓山牧田和尚によるやや長めの鐵舟と海舟の比較論も付記されており、より興味深いものとなっている。

また、鹿児島に帰った西郷隆盛を鐵舟がひそかに訪ねたことを知らせる一節は、短いものではあるが、二人の交情の深さを窺わせるものである。そのほか前代未聞の珍会であった道楽会や隅田川に千人もの僧が集まった千僧会の消息なども伝える章となっている。

◉西郷を訪ねる

明治七年三月のこと。鐵舟は内密の勅命を受けて薩州島津家《さっしゅうしまづけ》へ赴き、とある日に西郷隆盛と酒席をともにし、席上互いに揮毫した。その時に西郷が書いた「成趣園」の三大字の額面は、今全生庵が所蔵しているが、これは鐵舟が自邸の庭園の号としてわざわざ西郷に頼んだものであるという。

ちなみに、当時政府は、鐵舟をもって小旅行のついでであるかのようにして、畏れ多い陛下の思し召しを島津家ならびに西郷南洲翁《なんしゅうおう》に伝えさせたわけであるから、その意義は深甚《しんじん》である。これは全く、岩倉具視《いわくらともみ》、大久保利通《おおくぼとしみち》両氏による苦心惨憺《くしんさんたん》の策である。

明治九年八月のこと。鐵舟は皇后行啓《ぎょうけい》のお供を務め、一行に伴って箱根宮下《みやのした》温泉に滞在していたが、ある日山中を散歩していると、苔《こけ》むし蔓《つる》に覆われた大きな石が横たわっているのを見つけた。気になってその一部の苔を剥《は》いでみると、何か字が彫ってある。そこで人を雇って蔓を切り、苔をすべて剥ぎ取ると、二十八の文字が現れ、それによって初めてこの石が夢窓《むそう》*国師の古跡の記念碑であり、夢窓国師の弟子である天竜寺の鐵舟*禅師によって建てられたものであることがわかった。その後鐵舟は洪川老師に文章を頼み、それを石碑の背面に刻して再建した。

＊夢窓国師…鎌倉末～室町初期の臨済宗の僧である夢窓疎石《そせき》（一二七五～一三五一）。夢窓国師は諡号《しごう》。
＊鐵舟禅師…南北朝時代の臨済宗の僧である鐵舟徳済（?～一三六六）。

明治十一年三月のこと。鐵舟の屋敷に一通の無名の書状が舞い込んだ。記されている旨は、天皇陛下を誤って導き、故西郷南洲翁を傷つけている山岡鐵太郎を成敗する、というものである。開いて見た鐵舟は一笑に付したが、数日後、島田一郎《しまだいちろう》、長連豪《ちょうつらひで》の両人が突然玄関前に現れた。鐵舟はすぐに会い、なるほどこいつらの悪戯だったのだなと心にうなずきつつ、酒盃を用意してこだわりなく談笑を交わし、彼らもくつろいで杯をあけ、その日は和気藹々《わきあいあい》のうちに帰っていった。以来、二人は酒肴などを持参してはしばしば鐵舟を訪ねるようになり、鐵舟を前に時事を憤慨し当局者を罵倒する。その都度鐵舟は西郷の真意を弁明して彼らのかたくなな怒りを解くよう努めていたが、その甲斐もなく、同年五月、とうとう大久保利通の暗殺に及んだので、鐵舟は「ああ、いたずらに地下の西郷を困らせるだけだ」と言って嘆息した。

明治十三年、鐵舟は越中《えっちゅう》富山県の国泰寺《こくたいじ》のために屏風千双を揮毫し、その落成供養として翌十四年二月に本郷の麟祥院において道楽会というものを催した。

その会の趣向は、隠し芸をもっている乞食《こつじき》二十人を正賓とし、彼らに無礼講を許して酒宴を饗するというものである。そしてもてなす側の接待員は山口県知事関口隆吉《せきぐちりゅうきち》のほか数人である。鐵舟もまた主人側を代表して大いに接待につとめた。であるから正賓一同は喜色満面、鐵舟をはじめとして接待員の諸氏と杯を交わしつつ、まずはおのおの自分の歴史を語って大いに気炎をあげ、酒宴もようやく酣《たけなわ》となる頃には代わる代わるその得意の芸を演じて大喝采を博し、主客ともに興趣の尽きることを知らないという、古今に例を見ない珍会であった。

当日は普通の乞食もこの催しを聞きつけて麟祥院の周りに群がり集まってきたので、鐵舟はこの者たちには別に金品を施し与えた。鐵舟が道楽会開催を知らせる回覧状の文面は次のようなものであった。

千双屏風落成供養のため、芸人二十人をもって芸尽くしを催し候。周旋にあたる方々は、一人につき芸人三名を伴い、当日正午十二時までに湯島麟祥院へおこし願う。人々が持ち前の芸を尽くし、午後三時をもって散会。

ただし、正午時に折り詰めの赤飯料理、筵《むしろ》一枚、茶碗一個、小皿一枚を用意し、各芸人に贈るものとする。

◉功名無用

明治十四年のこと。政府が維新の大業にあずかった旧幕臣の勲功を調査するため、旧幕臣諸氏を呼び出して、それに関する口述あるいは文書を取り集めた。鐵舟も遅《おく》れ馳《ば》せに出頭すると、係官が鐵舟に向かって、「先ほど勝安芳《やすよし》氏が出頭し、慶応戊辰三月十四日、高輪の薩州邸において、征東大総督府参謀西郷隆盛氏と会見し、慶喜恭順の意向を言上して朝命四箇条を承り、その実行を果たしたむきの口述に及んだが（勝は、ものによっては、自分の手紙一本で西郷が江戸城総攻撃を停止したなどと書いている）、それに相違ないか」と訊く。鐵舟は「はて、妙な話だ」と思ったが、「これを否定すれば勝の面目を潰してしまう。そういえば功は人に譲れということもあるな」と一瞬のうちに決心し、「はっ、その通りでござる」と言って頭を下げ、そのまま帰ってきた。

とはいえ、政府当局者は事前に事実をほぼ承知していたから、こうなると疑問が生じてくる。そこで時の右大臣岩倉具視は、ある日鐵舟を私邸に招いてその心のうちを質《ただ》した。鐵舟は、功を譲って勝の面目を保つことのほかに他意はない旨を答える。右大臣は鐵舟の心の広さに深く感服し、「よしんば功は勝に譲るにしても、その事績は国民の手本として不朽に伝えねばならないから、当時の事実を詳細に記して、わたしのところに差し出してくれ」と言う。

このような右大臣のたっての希望もあり、鐵舟もついに筆をとったのであった。そしてこの時記したものが後年、右大臣の『正宗鍛刀記』*の材料となる。

さてこの間の事情については、鐵舟は二、三の同志の者以外には決して口外しなかったが、ある時、宮城県松山町の佐々《ささ》玄恭《げんきょう》という人から千葉立造のもとへ、「岩倉公の『正宗鍛刀記』には戊辰戦争時の談判を西郷と山岡とのことにしてある。ところが小学校の読本などでは西郷と勝とのことになっている。いったいどちらが事実なのか」との確認を求める書状が届いた。千葉がその書状を携えて鐵舟を訪ね、ことの次第を確かめたところ、鐵舟は初めて先の事情を語ったのである。

*『正宗鍛刀記』…徳川家達は、徳川家が存続できたのと江戸百万市民が兵火から免れられたのは、官軍の江戸城総攻撃を止めさせる際の山岡鐵舟の働きが大きかったからだとして、幕府に代々伝わる名刀、武蔵正宗（相州の刀工、藤原正宗の作で、宮本武蔵が佩刀したとされるもの）を鐵舟に贈った。しかしながら、鐵舟は、自分としては当然のことをしたまでで私すべき功ではなく、これは維新の元勲に贈られるべきものだということで岩倉具視のもとにもってきた。そこで岩倉は、その経緯と鐵舟の功績を後世に伝えるべく、川田剛に命じてその旨を『正宗鍛刀記』として記録させたのである。

ちなみに、前記のような事情がわだかまっているので、往々にして世の歴史家の誤解を招く。そこで今、参考のために、鐵舟と勝とがどのような間柄にあったのかをあらまし記しておく。

元来勝は変通自在の智者であり、鐵舟は至誠一片の仁者であった。だから維新の際における両者の出発点はおのずと異なっている。勝は早くから何が急務かを認識して幕府の重要な地位に就き、鐵舟は武士道を固く守り、野にあって尊皇攘夷を唱えた。そして勝の選んだ方針は漸進的国家主義であり、鐵舟のそれは急進的国家主義であった。要はいずれも挙国一致で外国にあたろうというのであったが、その歩調の異なるのと地位が隔たっているのとで（実は両者ともにその人物を風聞によって判断して大いに誤解していたことによる）、両者の前半生は一度も接近する機会がなかった。

ところが、慶応戊辰三月三日、朝廷の征東大総督府が駿府まで押し進められると、幕府は驚き震え上がっての大騒ぎ、江戸百万市民の騒擾《そうじょう》は実に言葉に尽くせぬ有様となった。そこで鐵舟は慨然、この危急を救おうと思わないで丈夫《じょうふ》といえるのかと、同五日に奮い立って徳川慶喜に会い、その恭順の意を確かめたうえで幕府の重臣を二、三訪ねたが、いずれも話にならなかったので、更に勝を訪ねたのであった。これより先、幕府の重臣たちの意見は、朝廷との対決（これには外国を後ろ盾にしようとするものもあった）を主張する主戦論者と恭順を主張する者との二派に分かれていたので、幕府は抗戦と恭順のどちらを選ぶべきかについて、戊辰一月二十三日よりしばしば重臣会議を開いたが、会議はもめにもめて帰着することなく、最後は二月十二日の会議において、勝が多くの意見を押しのけて恭順を強く主張し、徳川慶喜もそれに賛意を示したので、ようやく恭順で決着をみた。

以来勝はその責任上、恭順の意向を朝廷に聞き届けてもらうべくあらゆる手を尽くしたが、いっこうに埒《らち》があかない。その間に朝廷の東征に向けての軍備は着々と進行し、三月十五日をもって江戸城を総攻撃するというところにまで至った。事態はいよいよ差し迫ってきたので、もはや勝自身が大総督府に赴いて哀訴する以外になすすべがない。しかし軍事総裁という要職の身にある立場としては一日も幕府を留守にすることはできない。それは同時に恭順に反対の考えをもつ連中を抑制してもいたわけで、もし幕府を留守にするとどのような大変事が突発するとも限らない。勝は進退谷《きわ》まり、空しく天を仰いで嘆息し、

誰教大鼎弄群児　　誰か大鼎をして群児に弄せしめん
只見蒼生苦荊岐　　只見る蒼生の荊岐に苦しむを
嗚吁吾主高義家　　嗚吁吾主高義の家
如何懐怨及我私　　如何ぞ怨みを懐いて我私に及ばん
古往今来已如此　　古往今来已に此如し
上下千年任天知　　上下千年天の知るに任す

という詩を作って（この詩はかつて勝が書いて鐵舟に示したもので、現在全生庵が所蔵する）、東征軍が総攻撃をかけてくる日には江戸城とともに灰燼《かいじん》に帰すべく覚悟をするに至った。

そこへ思いがけなく山岡鐵太郎の名刺が舞い込んで両者の初対面となり、鐵舟は自分の企図を披瀝《ひれき》し、勝と意見を交わすと、勝は鐵舟の胆略を認めて同意を与えた。そこで鐵舟は翌日の六日に出発し、七日に大総督府に着いて西郷隆盛と折衝、朝命四箇条を承って八日に帰参、徳川慶喜及び幕府当局者へその次第を報告した。幕府はとりあえず市民を安堵させるべく市中に高札を立て、幕府恭順の意が朝廷へ届いた旨を表示した。

そして十四日、鐵舟は勝とともに高輪の薩州邸に入り、西郷と会見して先に拝受した四箇条の実行を約した。西郷は即座に江戸城総攻撃停止の命令を下し、ここに維新最後の大難局は無事に解決を迎えたのであった。この時、鐵舟と勝との間で帰着点の完全な一致をみたので、以来両者は終生無二の知己となる。その膠漆《こうしつ》*の交わりとでもいうような交情は、私事はさておき、明治五、六年以後の政局に対する両者唱和の風刺漫画において最もよく察することができた。その漫画の何点かを全生庵に所蔵していたが、火災の時に焼失してしまった。

＊膠漆の交わり…膠《にかわ》や漆《うるし》で貼り付けたようにしっかりと固い間柄。

鐵舟が勲功調査の呼び出しに応じて宮内省へ赴いて二、三日後のことである。松岡萬が勝安芳の勲功口述の一件を聞き込んで大いに憤り、「勝のような卑劣漢を生かしておいては我ら旧幕臣の恥辱であるから、速やかに成敗してくれる」と息巻き、これに石坂周造、村上新五郎《むらかみしんごろう》等が応じて暗に大騒動を引き起こそうとした。

鐵舟はいち早くこれを感知して彼らを制し、「わたしは最初から功名に用はないのだから、それは勝にやるつもりである。ところが今貴公たちに騒がれてはそうはいかなくなる。つまり、世間からはわたしと勝との功名争いと見なされる。まあ、こんなことは天に任せて人間は手出しをしないほうがいいのだ」と諭したので、一同は胸を静めつつ、矛を収めたのであった。

松岡萬はその後、今度は政府が鐵舟を勲三等に叙したことに大変憤り、一人ひそかに岩倉右大臣を刺すべく匕首《あいくち》を忍ばせて右大臣を訪ねた。右大臣は一目見てその気勢を察し、「貴公のごときは元亀天正《げんきてんしょう》の頃であったならば立派な大将であったろう」と機先を制し、茶菓をふるまうなどして丁重に応対したので、松岡は拍子抜けして空しく帰ることとなった。

そしてその夜、つくづく無謀な行動を悔い、鐵舟に申し訳ないとのどを刺して自殺を企てたが、幸いにも脈管を外れて一命は取り留めた。後日、右大臣が鐵舟に「先だって松岡がやって来て、実にすごいさまであった」と語ったという。

◉明治十八年の千僧会

明治十八年は天保の大飢饉《ききん》から数えて五十年目にあたり、春から夏にかけて風水害が甚だ多かったので、非常な凶作の年になるのではないかとの懸念が世間には広がっていた。そこで鐵舟は、その厄除けのため、同年八月二十九日、僧侶千人を招き、隅田川においてさまざまな災難で亡くなった者を追悼する大法会を行った。

当日の大導師《だいどうし》は妙心寺《みょうしんじ》の管長《かんちょう》無学《むがく》禅師で、各宗の僧侶千五百有余名が来会し、実に古今に稀なる大法会であった。当日の光景は薩州人床次《とこなみ》某（床次竹次郎《たけじろう》の亡父）が、横二間（約三・六メートル）縦五尺（約一・五メートル）の大額面に描きとっておいた。また、当日の無学禅師の香語*を始め、僧俗あわせて多くの人より贈られた詩歌等は、すべて全生庵が所蔵していたが、焼失して今はわずかに次の二点を残すだけである。

千僧会即事（居*士旋ス二親書普門品壱万巻ヲ一故ニ云フ）

浄土宗管長　鵜飼徹定

万巻金経字々新　万巻の金経字々新たに
鐵舟居士筆如神　鐵舟居士、筆神の如し
要知菩薩円通意　菩薩円通の意を知らんと要せば
見此豪雄千臂人　見よ此の豪雄千臂の人

千僧会の日　舟にて　増上寺貫主　福田行誠

さして其　数ならねとも　今日はとて　かすに入江の　芦の一むら

＊香語…法会や読経などの時、導師が香をつまんで唱える言葉。
＊居士旋《ス》㆓親書普門品壱万巻《ヲ》㆒故《ニ》云《フ》…鐵舟居士が法華経の普門品を一万巻書写した故に次のように詠うのだ、といったことを示している。

鐵舟は明治十九年十月より大蔵経の書写を発願し、増上寺の朝鮮版大蔵経を借りたが、昼間は多忙であったから、書写するのは夜になって明かりが入ってからか、あるいは人が寝しずまってからであった。そして明治二十一年七月十八日、すなわち逝去の前日までに大般若経百二十六巻を書写し終えた。それらはすべて全生庵が所蔵していたが、惜しいかな火災の時に焼失してしまった。

西郷隆盛（さいごうたかもり）

明治三年、教えを請うた酒井忠篤《さかいただずみ》らに説いた西郷隆盛の言葉が『南洲翁遺訓』としてまとめられた。現在は岩波文庫の『西郷南洲遺訓』の一章としても収録されているが、その一節に、

「命もいらず、名もいらず、官位も金もいらぬ人は、仕末に困るもの也。此の仕末に困る人ならでは、艱難をともにして國家の大業は成し得られぬなり。去れ共、个様の人は、凡俗の眼には見得られぬぞと申さるゝに付、……」（山田済斎編『西郷南洲遺訓』　岩波文庫）

というのがある。勝海舟の語るところによれば、この「命もいらず、名もいらず、官位も金もいらぬ人」というのは山岡鐵舟を指しているのだという。であるならば、

この西郷による鐵舟評に直接あずかっているのは、慶応戊辰三月の駿府大総督府における折衝に単身乗り込んできた時の見定めであろう。この時、鐵舟三十三歳。西郷は四十一歳。この後交情を深めていく二人の初対面は、なんともハードな場面に設定されていた。

西郷隆盛は、文政十（一八二七）年に薩摩藩の下級士族の家に生まれている。通称吉兵衛《きちべえ》、吉之助《きちのすけ》。号は南洲。二十八歳の時に英明で知られる藩主の島津斉彬《なりあきら》に見いだされて側近く務め、その影響で尊皇派となり、将軍継嗣問題で一橋《ひとつばし》慶喜擁立派だった斉彬の命を受けて奔走する。その過程で諸国の志士とも面識をもつに至るのだが、安政《あんせい》五（一八五八）年四月に井伊直弼《いいなおすけ》が大老に就任して情勢が一変、井伊は徳川慶福《よしとみ》（のちの十四代将軍家茂《いえもち》）の将軍継嗣を断行し、安政の大獄が始まる。そのうえ同年七月には斉彬が急死、その報を京都で聞いた西郷は、安政の大獄で幕府から追われていた尊攘派の僧月照《げっしょう》を伴い薩摩に戻るも、藩もまた佐幕へと舵をきっていた。居場所がなくなった西郷は月照とともに投身自殺を図るのだが、西郷のみ助かり、奄美大島《あまみおおしま》に流されることとなる。

三年間の島流し生活のうちに藩にも変化が生じ、文久二（一八六二）年二月に赦《ゆる》されるも、藩の実権を握る島津久光《ひさみつ》（斉彬を継いで藩主となった忠義の実父）の怒りに触れて、六月には徳之島《とくのしま》に（更には沖永良部島《おきのえらぶ》に）流され、今度は二年間の島流し生活を送るはめになる。

元治元（一八六四）年に赦されてのちは藩政の主導権を握るに至り、武将として絶頂の四年間を迎える。禁門の変には藩の軍賦役として兵を率いて参加、第一次長州征伐では幕府側について総参謀として諸藩の兵を指揮（勝海舟とはこの時期に面識をもっている）、第二次長州征伐に際しては反対に討幕側へと藩を導いている。ちなみに、長州征伐に対する立場の変化は、その間に坂本龍馬《さかもとりょうま》の仲介で薩長同盟を結んだことによる。第二次長州征伐では幕府軍の敗退が相次ぎ、将軍家茂の死を機に停戦、弱体があらわとなった幕府の十五代将軍徳川慶喜は形式的には朝廷への政権返還（大政奉還）を行いつつ、実権は自ら握ろうという手に出るが、西郷は大久保利通らと王政復古へと動く。

かくして慶応三（一八六七）年の十二月に王政復古の大号令が出され、小御所会議で慶喜の官位辞退と領地返納が決定される。これを不服とした慶喜は大坂城に入って主導権の回復を図り、旧幕府軍と新政府軍との間で鳥羽・伏見の戦いが起こるに至るが、新政府軍の勝利に終わり、慶喜はひそかに江戸に脱出する。ことここに及んでついに朝廷から慶喜追討令が出され、有栖川宮熾仁親王を大総督とする東征軍が組織される。東征軍は、東海道、東山道、北陸道を進軍、参謀に任命された西郷は事実上の軍事最高責任者として大総督付きの軍を率いて東海道を下り、駿府にまで軍を進める。

慶応四（一八六八）年三月六日、その駿府で合議の結果、大総督府は三月十五日を期して江戸城総攻撃に取り掛かることを決定、予定通り進んでいれば、江戸の町も火の海となることを免れ得なかったのだが、そこに山岡鐵舟が現れる。まさにぎりぎりで乗り込んできたのである。鐵舟と西郷の交渉の模様は、鐵舟の手になる、いわゆる『談判筆記』に詳しいが、この交渉が功を奏して江戸城の無血開城に道が開かれる。と同時に、西郷の胸には山岡鐵舟という存在が、私心のない信頼に足る人物として深く刻み込まれたに違いない。『南洲翁遺訓』での言及をとりざたするまでもなく、朝敵であった幕臣の鐵舟を明治天皇の侍従にするというのは、その人物に対する真の信頼がなくては思いつかない計画である。

維新後の西郷は、新政府の参議となり、廃藩置県を断行するなど手腕を発揮したが、征韓論などで大久保利通等と対立、明治六（一八七三）年に下野して鹿児島に帰郷する。帰郷後は、私学校を開いて青年士族らの教育にあたっていたが、明治十（一八七七）年、西南戦争を起こし、敗れて同年九月二十四日、鹿児島の城山《しろやま》で自刃、五十一歳でその生涯に終止符を打つこととなる。

第七章

春風自在

第七章は、剣と禅と書を携えて自分の速度で人生を歩んだ鐵舟の到達した境地が窺える言行を取り上げている。

◉

鐵舟は、明治も十三年を数え、武士という存在が時代の彼方においやられてしまった時に至って剣の極意に達する。まさに時代に迎合することのない、鐵舟ならではの歩みである。

その鐵舟の日々はまさに春風自在、貧乏などどこ吹く風と義弟の借金を背負い、揮毫の謝礼はこだわりなくもらって済世《さいせい》の方便とする。その揮毫も半端でない量を次々にこなしていく。近づくものを心地よくさせる空気をまとっているのは至った境地のためか本来のものか、ともかくどの客も長居してなかなか帰ろうとしない。とはいえ鐵舟とて接客中に座を外して仮眠をとる……。人生もまた無刀流だといえようか。本章にはそんな鐵舟がちりばめられている。

◉鐵舟居士を頼る

鐵舟の門人の中に、維新後に父の敵討ちを行った者が二人いた。一人は臼井《うすい》六郎《ろくろう》、もう一人は川上《かわかみ》行義《こうぎ》である。

臼井が入門した時、鐵舟はその挙動が常人とは違っているのを察し、ある日ひそかに臼井を呼んでこの点を問いただした。すると臼井はさめざめと涙をこぼしてその報復の志を明かしたので、鐵舟は憐れに思い、その後は夜半寝所において真剣の秘奥を指南することにした。そして後年、臼井がその志を果たすと、捕らえられて死罪に処されるべきところを、鐵舟の尽力があって、十年の懲役に減刑されたという。

◉鐵舟と書

鐵舟の健筆は誰もが知るところだが、若い頃には愛読書をたいてい一冊ずつ手写している。『日本外史』*のほか数冊のその写本は今、全生庵が所蔵している。また中年期から晩年に向かう頃には、中国製の墨をする鉢で三、四人の書生が墨をするのにかかりきりという有様で、一日に平均五、六百枚は墨蹟を揮毫していた。

明治二十年、すなわち亡くなる前の年より、とかく健康がすぐれないので、勧告に従い絶筆と称して一切の揮毫を断ったが、ただ全生庵を通して申し込まれる分については例外としていた。しかし、その例外は八ヶ月間に十万千三百八十枚という数であった（これは全生庵執事が鐵舟に差し出した受取書によってわかったことである）。また、その翌年には、二月より七月すなわち亡くなる月まで布団の上において、剣術道場篤信館《とくしんかん》建設のため、扇子十万本のうち約四万本を揮毫したという。

＊『日本外史』…頼山陽による漢文体の史書。二十二巻。

鐵舟は書を、最初は飛驒の岩佐一亭に学んで弘法大師入木道《じゅぼくどう》五十二世の伝統を継ぎ、後には荻生徂徠《おぎゅうそらい》が秘蔵していた王羲之の「宋刻十七帖」を手に入れて二十年間これに取り組み、ついにその神髄を会得したという。

ちなみに、一亭は、「一」の字を三年稽古したという篤学で、その書「西銘東銘」一巻を全生庵が所蔵しているが、まさに希代の名蹟である。

鐵舟は何の道においても古法を重んじたが、書道も常に斯道《しどう》の大家である成瀬太域《なるせたいいき》に問い、篆書、隷書、楷書、行書、草書のどの書体であっても、一点一画をおろそかにしなかった。だからこそ、その道のうるさ型とされている某氏も、三度ほど鐵舟の草書に疑義をもったが、鐵舟はその都度字書を取り出して拠り所を示したので、それ以来某氏は、鐵舟の真蹟には決して誤字はないと言うようになった。

鐵舟は人が揮毫の謝礼を差し出すと「ありがとう」と言って快く受け取り、それをそのまま本箱の中に突っ込んでおいた。そして貧乏に困った者が助けを求めに来ると、鐵舟は自ら玄関に出てその実状を察し、その本箱の中の包みを解いて、相応に恵み与えた。

千葉立造はしばしばこういった場面を目撃するので、「先生は御揮毫の謝礼は全部人におやりになるのですか」と訊くと、鐵舟は「わたしはそもそも字を書いて礼をもらうつもりはないが、困った者にやりたく思って、くれればもらっているだけさ」と答えたとのこと。

鐵舟は書を専ら済世の方便としていた。であるからこそ、一枚ごとに「衆生無辺誓願度」*の句を唱えて揮毫した。おしなべてその終生の揮毫は、社会公益、教育事業、災厄救助、各宗教の慈善事業、各宗教の寺院・教会の復興等のためであったという。

＊衆生無辺誓願度…「四弘誓願」の第一句。

◉鐵舟はいつも貧乏

鐵舟の貧乏は天下に聞こえていた。貧乏の原因は結局のところ、与える、とられる、度をこして義理を立てる、の三つに落ち着くのである。今その例を二、三挙げると、義弟の石坂周造に二十六万円の債務を背負わされたことがある。

もともと石坂周造という人間は、是非善悪の境目や義理人情の束縛などてんで気にかけず、そのうえ知勇と弁舌を兼ね備えていたから、どんなことでも思うがままにやってのけるという、ある意味並外れた男ではあった。早くから鐵舟の大きなところにほれ込んでその命を預けていたが、鐵舟のほうとしてもまた懐に抱え込んで巧みに善用したので、維新の際には鐵舟の唯一の手足となって働いた。そして維新後は石油業を始めて大いに国家を潤わせ、特別に位階を賜っている。

しかし、その事業のためになにもかも犠牲にしているのである。鐵舟はいわゆる善用の目的で常にそれを助けていたから、犠牲となったことも何度あったかわからない。そしてこの二十六万円はそんな中でもとくに著しいものである。最初は二十五万円を背負わされることになったが、そこは鐵舟の徳望で債務の大半を減じることができた。しかしながら鐵舟は素っ裸になってしまい、そのうえ月給三百五十円のうち二百五十円を十数年間差し押さえられ、家族の者は粥をすするのさえ困難な状態となった。そこへ更にまた一万円を重ねて背負わされたのである。

こうなるともはや鐵舟には何らかの策を施す余地すらない。殊《こと》に債権者が高利貸しであったから、少しの容赦もない。鐵舟は遂に家資分散*の処分を受けることを決心した。

ときに勝安芳がこの事情を聞き込んで、すぐさま徳川家へ申告に及んだ。徳川家では「捨て置けぬ」ということで、早速一万円が贈られた。ところが鐵舟は固辞して受け取らない。すると勝が「君の家資分散は徳川家の恥辱であるから、辞退することは許されない」と強談判に及んだので、鐵舟はやむを得ない借金としてこれを受けて残りの債務を果たし、以来亡くなる月まで毎月二十五円ずつを徳川家へ返済した。

このような大迷惑をかけておきながら石坂は平然と鐵舟の家に出入りし、その惨状を目にしながら素知らぬふうである。家の者はこの様子を見ると、どうにも不満でたまらず、石坂との絶縁を鐵舟に求める。それに対して鐵舟は懇々と諭して、「石坂がもし俺に金のことで迷惑をかけなかったら、代わって必ずほかの誰かが被害を被ったはずだ。が、それが俺なので誰かが助かっているのだ。そのうえ俺が石坂を手放したら、それこそ何をしでかすかわかったものではない。まあ、わが一家のことは互いに我慢すれば済むことだ。困難も人のせいだと思うとたまらないが、自分の修養だと思えば自然と楽土にいるように思えるものだ」と言い、石坂とはこれまで通り、少しも変わることなく付き合った。

またある時、渡辺義方《わたなべぎほう》という者が鐵舟の偽書、偽印でもって二万円を詐取したが、鐵舟はその責任も負って弁償をした。また旧武蔵忍藩《むさしおし》（今の埼玉県にあたる）の藩主松平子爵家の危急に際しては、八千円を投げ出し、そのうえ屏風千双を揮毫した。もとより何の縁故もなくしたことで、ただ一片の義侠心のなせるわざであった。

ちなみに、鐵舟はここに記した大きな負債を漸次処分し、亡くなった時には、ただ徳川家への借金のみ未了だったとのことである。

＊家資分散…債務者が強制執行を受けて弁済の資力がないようになった状態をいう。当時の破産法での用語。

◉鐵舟居士の日々

鐵舟は、禅の道に入ってこのかた深く白隠禅師を尊崇し、ついに明治十七年四月、臨済宗各派の管長へ書状を発して呼びかけた。その趣意は、諸師より政府に、白隠禅師に国師号をお贈りいただきたい旨の出願があるのならば、できる限りの助力をする、というところにあった。そこで管長たちは連署して出願に及ぶ。鐵舟はすぐに陛下に白隠禅師の高徳を奏聞し、更には当局者を説いたので、翌五月二十六日に正宗国師の徽号が贈られたのであった。

鐵舟は人から阿諛追従《あゆついしょう》を受けると、むっとして睨みつけた。その反対に、忠言に対してはまことに甘露を飲むかのように応じた。その例を一つ二つ挙げてみると、ある時、千葉立造が鐵舟に白隠禅師の墨蹟の箱書きを求めた。この時の鐵舟は他所で酒にひどく酔って帰邸しており、すぐに筆をとったが、ふと一字を誤った。

そこで硬骨の千葉は鐵舟に向かい、「先生、物事を間違えるほど御酒を召し上がってはいけません。殊に大酒は胃病に非常に毒ですから、少しお控えになってはいかがですか」と遠慮せずに忠告した。すると鐵舟は「やあ、悪かった。以後はきっと慎みましょう」と言うと、その箱蓋の裏面にこの事実を事細かに記し、記念として残したのであった。この軸物は後年寄贈されて全生庵の所蔵となったが、火災の時に焼失してしまった。

また、鐵舟がある重要な文を起草している時、千葉が側で「先生、その御文体はかなり激烈のようですが、書いたものは後に残りますから御一考なさってはいかがですか」と言うと、鐵舟は「うむ、さようですか。あまり周囲の者がやかましく言うので、つい図に乗りました。いや、よく気をつけてくれました」と言って急に居住まいを正して千葉の顔をしっかりと見ると、「あなたはわたしのためには神様か仏様なのでしょう」と言ってしばし敬虔の念に堪えない様子だったが、すぐにその草稿を破棄して書き直したという。

鐵舟は、どういう人間であろうと、どのような用件であろうと、訪問者とは必ず会った。そして、玄関番の判断で謝絶してしまった時にはきつく叱責し、呼び戻すよう追いかけさせた。また、人と会う時は、その額を畳につけて丁寧に挨拶した。

鐵舟は古書画を相当数所有していたが、どれも贈られたもので、自分から求めたものはただ黄《こう》＊大癡《たいち》の書、七言絶句二首双幅の一点であった。これも書画屋が持参して代金二百円と言った時には、一覧した後に、「これは面白いものだ。金があれば取っておくが、貧乏の山岡だから仕方がない」と言って書画屋に戻している。この後、この話を聞いた夫人が、すぐに代金を調達して購入したのである。この双幅は全生庵が所蔵している。

＊黄大癡…元の文人画家である黄広望（一二六九－一三五四）のこと。

鐵舟はしばしば客と歓談中、ちょっとごめんくださいと言って座を外したが、奥の間に入ったかと思うと、たちまち雷鳴のようにいびきが聞こえてくる。そして半時も経たないうちに、どうも大変失礼しましたと言いつつ出て来て、話を続けた。また、常に客と談笑しつつ揮毫していたが、めったに字を誤ることはなかったという。

鐵舟は壮年時代、腰に帯びる刀はとにかく丈夫で堅固なものを選び、古人の作品などは愛用しなかった。衣服や寝具などは生涯にわたって木綿に限り、下駄の表面は素のままであった。寒中にあっても足袋や肌着は用いなかった。三度の食事は腹が膨れれば何でもよいと言って、一度も不平を鳴らしたことがなかった。そして、一箸の余菜も一滴の余汁も台所へ下げては捨てられてしまうだろうということで、きれいに平らげたという。

鐵舟は普段、午前五時に起床し、六時より九時まで剣術指南、午後零時より四時まで揮毫、夜分は午前二時まで坐禅を組むか写経をしたという。

鐵舟を訪ねてきた者はたいてい昼間なら日没まで、夜なら十二時、甚だしい場合は二時三時頃までいた。それは鐵舟といると一切を忘れていかにも気が楽になるからで、殊にとりわけ懇意にしている者たちは、毎度厄介をかけているから今日こそは早く帰ろうと思って訪ねていっても、鐵舟の顔を見るとたちまち心が空っぽになってしまって、やはり日が暮れてから、あるいは夜が更けてからでないと帰ることはなかったという。

英子夫人は、起伏の激しい境遇に耐え、最後まで鐵舟が大きな道を歩むのを助けた。鐵舟も「俺のような者に連れ添ったために、人の十倍苦労する」と言って、中年以後は非常に夫人を大切にしたとのことである。

鐵舟アーカイブズ❹

鐵舟の「不二山」の短歌は「朝廷に奉仕する事」と題した文章に添えたものだが、その他にも絵に添えたりするなど、鐵舟はいろいろな形で短歌や俳句その他を残している。その一部をここに紹介する。

詩歌抄

或人に示す

悟とは　念を滅却するを云　念を以て身をなす　悟れば生きながら身なし

不二山

晴てよし　曇りてもよし　不二の山　もとの姿は　かはらざりけり

山家花

思ひいる　かひこそはあれ　咲うつむ　やまさくら戸の　花の盛は
一心の號を

まこゝろの　ひとつ心の　こゝろより　萬のことは　なり出にけむ
劫火洞然を

安心を　すれは何にも　こはくなし　地震雷火事親父迄
折に觸れて

よのなかに　望なけれと　しなぬうちは　見聞につけて　働かねはならん
骸骨を書きて

死に切て　みれは誠に　樂かある　しなぬ人には　眞似もなるまい
闘拳の圖を書きて

名主さん　鐵砲てうては　大騒き　はかす狐の　世渡りかよし
蛞蝓を書きて

世の中は　蛇と蛙て　恐ろしや　たゝなめくぢの　あるてたすかる
蛆を書きて

糞をおき　うじを掃ふは　何事そ　くそより出來し　蛆としらすや
　　折に觸れて
世の中は　さいの河原と　成にけり　つめはくつるゝ　く
　　全生庵梵鐘供養の日に
みな人の　けふは誠の　あらはれて　法の筵は　にきはひにけり
　　劍術を
うち合す　劍のもとに　迷なく　身をすてゝこそ　生きる道あれ
　　火の車に乘れる圖を書きて
馬車ならて　わか乘るものは　火の車　かけとる鬼の　絶ゆる間もなし
　　梅を觀て
梅咲や　財布のうちも　無一物
　　鵑を聞きて
珍らしや　四五年ふりて　郭公
　　蝸牛を書きて
行先に　我家ありけり　かたつむり

海舟筆麥魚の書に

薄氷　とけて目高の　鼻そろひ

烏瓜を書きて

我祖師に　似た處あり　からすうり

自像を書きて

死んたとて　損得もなし　馬鹿野郎

第八章

サムライの最期

第八章は鐵舟の臨終についてのみを収め、これをもって最終章とする。

◉

伝わるところによると、鐵舟は身長六尺二寸（約一八八センチ）、体重二十八貫（約一〇五キロ）という堂々たる体躯《たいく》であったというが、それも単に巨体であるというのではなく、鍛えぬかれた肉体だったはずである。

ところが、その肉体は意外なほど早く綻《ほころ》びを見せ始める。常人には決して真似のできないような苛烈な剣術修行に耐えられてしまう頑強な肉体は、その分常人では計り知れない負荷を受けていたのだろうか。鯨飲馬食をものともしない無理のききすぎる体は、ひっそりと悲鳴をあげていたのだろうか。鐵舟は三十四、五歳の頃からしきりに胃痛を訴えるようになる。

にもかかわらず、養生とか摂生とはどうも無縁だったようである。

本書の第五章にも「薬を服用しようとしない鐵舟」の姿を伝える一節がある。そんな体でありながら、明治天皇の侍従を十年間務めあげ、剣と禅を大悟して無刀流を開き、仏教の復権に力を尽くし、大量の墨蹟を揮毫していった。結果的にはそれもまた寿命を縮めることの一因となったのであろうか。さしもの鐵舟も五十を少し超えたところで最期の時を迎えることになる。

本章では、鐵舟危篤の明治二十一（一八八八）年七月十七日から死去するまでの三日間にとくにページを割《さ》いて、日本が真の「ラスト・サムライ」を失った日を綴る。

◉最期の日々

鐵舟は三十四、五歳の頃より胃病を抱えていたが、五十二歳の時、すなわち明治二十年の八月に至り、右脇腹の内部に大きなしこりができた。これを医師千葉立造は胃癌《いがん》と、ベルツ博士は肝臓硬化症と診断した。次第に食物がのどを通らなくなり、翌明治二十一年二月からは流動食のみとなって、身体は日に日に衰弱していった。

しかし、紀元節には自ら「これが最後になるだろう」と言って、この年も参内した。その後、明治天皇よりお見舞いの勅使と侍医が差し遣わされたので、鐵舟は陛下の思し召しのありがたさに感泣し、

数ならぬ　身のいたつきを　大君の　みことうれしく　かしこみにけり

と詠んで奉った。

なお、その後しばしば内々にお見舞いを賜ったが、鐵舟唯一の好物である酒が飲めないということをお聞きになって、ひどく不憫にお思いになり、御料の和洋酒の中で最も清冽なものを、畏れ多くも陛下自らがお試しになり、これならば大丈夫かもしれないとおっしゃって、その御盃とともに下賜されたことも二回に及んだ（今、その盃二個のうち、洋盃は駿河の鐵舟寺、和盃は全生庵の秘蔵となっている）。

　このような明治天皇の思い、さらには家人、門下生、親族、知己等々のひとかたならぬ思いに対し、鐵舟は努めて医薬に親しんでいた。しかし、見舞い客と合わせ普段に倍加する来客にも、いちいち表座敷に出て会い、いつものように玄関まで送り、その合間には褥《しとね》の上で揮毫もする。重病とはいいながら、ほとんど床に臥《ふ》すことはなかった。
　そして三月三十日の稽古始めの祝宴中、回し飲みされていた大杯が思いがけず真っ二つに割れたので、その宴席にいた者一同はその変事に色を失った。鐵舟は「作ったものが壊れることに何の不思議もない」と言って笑っていた。しかし、家人及び門下生等はこの時より、何とはなしに疑い恐れるような気持ちを抱くようになった。
　その後、病勢は一進一退といったところだったが、ある時は千葉立造に向かって、
　御医者さん　胃癌くと　申せども　いかん中にも　よいところもあり
と書き、「どうです」と言ってにっこりし、またある時は、
　二竪何因煩此躬　　二竪《にじゅ》何に因つて此の躬を煩はす
　大飲暴食害不空　　大飲暴食害空しからず
　転苦為楽観自在　　苦を転じて楽と為す観自在
　生死任天臥褥中　　生死天に任せて褥中に臥す

と詠んで述懐を示したこともあった。しかし七月に入って病勢が減退すると、鐵舟は逆に死期が迫っているのを悟り、七月八日に門人を召集して一人漏らさず最後の剣術指南を行った。

これより二、三日経って、松岡萬が見舞いに来たので、夫人が「鐵舟もあの通り衰弱していますから、もう長いことはないでしょう」と言うと、松岡は「それは大変だ」と言って慌ただしく去っていった。ところがその日の深夜、どこから忍び込んだものか、ひそかに鐵舟の病室にやって来て、不意にむんずと鐵舟に組み付く。時に鐵舟は布団の上にあぐらをかいていたが、組み付きかかる松岡をそのままひょいと持ち上げ、「松岡さん、どうしたんだ」と言う。松岡は抱き上げられながら大声で「やあ、大丈夫、大丈夫」と叫び、それから夫人に向かって「先生は大丈夫ですからご安心めされよ」と言って、一人で大いに安心して帰っていった。

そして同月十七日の夕刻、鐵舟は湯浴みをすると、夫人に白衣をもって来るように命じた。夫人が嫌がる素振りを見せると、ばかな奴だと叱って、強いて白衣を着て部屋に戻り、皇居に向かってうやうやしく一礼してから床に就いた。その夜、午前一時を過ぎる頃に突然癌腫が破裂する。すぐに千葉立造を呼んで手当てを施したが、とうとう胃穿孔のため腹膜炎を起こして危篤に陥った。

以後千葉は詰め切って看護にあたる。そうこうしているうちに危篤の報は諸方に伝わり、十八日の午前七時頃には親族、門人、知己の者二百人余りが急ぎ集まり、戸障子を取り外して鐵舟の病床を囲んでは一同悲嘆に暮れて座っている。

そこへ勝安芳も駆けつけ、この有様を見て、「お前たちはこれまでさんざん鐵舟を苦しめておいて、この期に及んでなお責め殺すつもりか」と大声で叱りつけたので、一同は別室に引き下がった。そして勝は鐵舟に向かって、「君は俺を残して先に逝くのか。独りで味なことをするではないか」と話し掛ける。鐵舟が「もはや用事が済んだからお先に御免こうむる」と言うと、勝は「話し相手になる坊さんでも呼んではどうか」と言う。鐵舟は「その人は今は遠方へ行っていて留守だ」と答えた（これは滴水老師を指したもので、当時は出雲の雲樹寺《うんじゅじ》の法会に赴いていた）。

勝はしばし訣別の言葉を交わした後、二階に上がって紙と筆を求め、

横行塵世　　塵世に横行す
磅礴精気　　磅礴たる精気
残月如弦　　残月弦の如く
光芒照地　　光芒地を照らす

という詩をしたためて鐵舟に示した。

鐵舟は、午前八時にはいつものように子供たちを学校へ送り出し、門人たちには剣術の稽古を

命じた。また、この日は夫人の琴の稽古日でもあったので、夫人にも稽古を命じ、鐵舟自身も太刀を抜いて組太刀の型を使うと、傍らの者に「普段と変わらないね」と言って微笑んだ。

午前十時になって池田謙斎《いけだけんさい》が陛下のお言葉をもって診察に訪れ、人払いをした上で内々の陛下の思し召しを伝え、鐵舟はこれにお答え申し上げた。およそ一時間ほどで謙斎が辞去すると、今度は浅田宗伯《あさだそうはく》が東宮殿下の仰せを受けて診察に来た。午後一時には経机《きょうづくえ》を用意させて鐵舟は写経に取り掛かったが、額より脂汗がこぼれるので、これを拭きながら書いていると、二滴ばかり紙の上に落ちて染みができた。やっとのことで半枚を埋めるに及んで千葉が、「先生、半枚も一枚も同じことでしょうから、もうお止めになってはいかがですか」と言うと、鐵舟は「そうですな」と言ってすぐに筆を置いた。この絶筆の写経も全生庵が所有していたが、惜しいことに焼失してしまった。

午後二時に従三位勲二等を授ける旨を伝える勅使があり、松平定教《まつだいらさだのり》（旧桑名侯）と関口隆吉の両人が代わって拝受した。午前中にも一度来た徳川家達が、憂慮のあまり午後三時に再びやってきて、今度は鐵舟と訣別の水盃を交わした。徳川家達はこの夜はどうにも寝付けず、橋本綱常《はしもとつなつね》を診察に遣わした。この夜の鐵舟は、親族や知人等詰めている者たちのひっそりした雰囲気を気にかけ、自分も退屈だからと言って三遊亭圓朝に落語を一席語らせた。圓朝もその場に詰めていたので早速落語に取り掛かったが、なにぶん満座を支配する空気が空気である。涙をこぼし、声を震わせ、ややもすると話は途切れがちとなったが、鐵舟は夜具にもたれ、終始微笑を含んで聞いていた。

鐵舟は夜具にもたれたそのままの格好で一夜を過ごし、十九日の明け方に千葉に向かって、

腹張つて　苦しきなかに　明烏

の句を示し、「まあ、こんなものですな」と声をかけた。

午前九時になって千葉に、「しばらく人払いをしてくれよ」と言い出した。千葉が「どうなさいますか」と訊くと、鐵舟は「なに、昼寝の邪魔になるから」と答える。千葉はすぐに一同を別室に遠慮させた。すると鐵舟は静かに身を起こして夜具を離れ、皇居に向かって結跏趺坐の相をとり、しばらくすると右手を差し出した。千葉はその意を察し、そばにあった対馬祭の団扇を渡す。鐵舟は団扇を手にし、目をつぶったままで、その柄で左の掌に何か字を書いていたが、急に呼吸が迫ってきたので、千葉は慌てて薬を勧めた。しかし、もはやその薬を飲むことはかなわず、九時十五分をもって永遠の眠りについた。享年五十三歳。時に勝安芳は、前日以来二階に詰め切っていたが、ここに至って、

凡俗頻煩君　　凡俗頻りに君を煩はす

看破塵世群　　看破す塵世の群れ
棄我何処去　　我を棄て、何れの処にか去る
精霊入紫雲　　精霊紫雲に入る

という詩を詠み、すぐに自邸に帰ってのちは、連日家にこもって哀悼の日々を過ごした。そのほか一同が悲嘆に暮れ、慟哭したのはいうまでもないが、なかでも和田中彦《わだなかひこ》は気を失ってしまい、村上新五郎、神山誠《かみやままこと》の両人は殉死しようとした。

死去の報は明治天皇の耳に達し、同日午前十時三十分、勅使を差し遣わされ、陛下より白絹二匹（四反）と祭祀料金二千円、皇后宮より金五百円を賜った。亡骸《なきがら》となったにもかかわらず、鐵舟はその顔に微笑を含み、団扇を手にし、端然と足を組んで坐っているので、弔問に訪れた者は皆、その死を疑った。そもそも鐵舟は病を得てから後、一度も苦痛を訴えたことはなく、常に微笑を含んでいた。であるから、病中、

わたしが病気は胃癌じやと　おやをかし　いがむにあらず　にこりぢやもの

と書いて、そばについていた者に戯れたこともある。既に道義も廃れた末の世とされていた時代には絶えて久しい大往生であるから、広く多くの人に礼拝してもらおうと入棺をなるべく遅らせるよう希望する者が多かったが、千葉は夏の盛りでもあるからと注意し、あえて翌二十日の夜に

入棺させた。

なんといっても鐵舟の生前の付き合いがあらゆる方面、あらゆる階級にわたっていたので、ひとたび死去の報が伝わるや、上は王侯貴族から下は乞食《こつじき》に至る種々雑多の弔問客が押し合い圧《へ》し合い出入りする。殊に宗教界との縁が深かったから、仏教各宗派の僧侶はもちろん、神官、牧師等が入り混じって、続けざまに各様各式の弔祭を行うという状況はまさに奇観の極みであった。

そして棺は二十二日の午後一時に四谷仲町の屋敷を出発、皇居の前を過ぎる時には、畏れ多くも明治天皇は高殿にお登りになり、そこから見送られた。午後三時に全生庵に着き、五仏事をもって葬儀を執り行った。大導師は全生庵主席南隠《なんいん》老師、脇導師は円覚寺管長洪川老師、妙心寺管長無学老師、国泰寺貫主雪門《かんしゅせつもん》老師、南天棒鄧州《なんてんぼうとうじゅう》老師であった。南隠老師の引導香語は次の通り。

濁之不濁清不清　之を濁らせども濁らず、清ませども清まず
蕩々巍々不可名　蕩々巍々、名づくべからず
縦令大機似黄檗　縦令《たとひ》大機黄檗に似るも
還吾全死復全生　吾に還へせ全死復た全生
雖然恁麼山僧家有仏祖不伝底之秘曲　然も恁麼なりと雖ども山僧家に仏祖不伝底の秘曲有り

未曾容易為人弾　　未だ曾て容易に人の為に弾ぜず
今日遭居士之大帰　　今日、居士の大帰に遭ふ
聊撫一曲以充送行（抛棄钁云）　　聊か一曲を撫して以て送行に充つ（钁を抛棄して云く）
明皇辛《（幸カ）》蜀　三郎々当　喝　　明皇、蜀に辛《（幸カ）》す　三郎々当　喝

葬儀後、全生庵の墓地内の深さ二丈（約六メートル）の墓穴に埋棺しおわったのが午後七時であった。当日は突きおろすように激しく雨が降っていたが、会葬者は約五千人に及んだ。また、種々の事故もあった。なかでも村上新五郎は殉死の恐れがあるので終日四谷警察署へ預けられ、門人粟津清秀《あわづきよひで》は全生庵の鎮守山でひそかに追い腹をしようとしたが、幸いにも事前に発見されて事なきを得た。そして門人鈴木寛長《すずきかんちょう》は落髪して棺の後に従い、そのまま全生庵に留まって、三年間墓のそばに身を置いたのである。

かつて鳥尾得庵のもとに客が二人あって、一人が得庵に向かって「鐵舟公はどのような人格でしたか」と訊くと、得庵は「まあ、神仏の権化と言うべきだろう」と答えた。するともう一方の

客が「偉人の後はとかくふるわないように見受けられますが、どういうわけでしょう」と訊く。得庵は「それは父祖がどうであろうと、人生はおのおの独自の努力にあることを証明するもので、言うなれば偉人が世に示す一大教訓であろう。しかし、父祖の遺徳は空しく消え去るものではない。その遺徳を受け入れ用いるに足る者において必ず現れ出るのである」と語ったことであった。

勝海舟の言葉として、「山岡は明鏡のごとく一点の私ももたなかったよ。だから物事にあたって即決しても少しも誤らない。しかも無口であったが、よく人をして自ら反省せしめたよ」というものが残っている。

滴水老師に鐵舟の人格を問う者があると、老師はいつも「あれは別物じゃ」と言ったという。

南隠老師は、「昔より中国でも日本でも至誠の人というのはめったにいないものだが、鐵舟はまさにその人であった」と語ったという。

勝海舟

（かつかいしゅう）

勝海舟、幕末三舟の中で世間的な知名度の最も高い「智の人」は、鐵舟より十三年早い、文政六（一八二三）年に、旗本小普請組の勝小吉《こきち》の長男として江戸に生まれている。名は義邦《よしくに》、後に安芳と改名。通称は麟太郎《りんたろう》。ほかの二舟と同様、海舟は号である。幼少の頃の貧乏話は有名だが、青春期は剣術に相当打ち込み、並行して禅もやったというから、意外と鐵舟と共通項がある。海舟はその後蘭学を通じて兵学を学び、剣と禅、更には蘭学（兵学）の成果をもって政治の表舞台へと登場することになる。そして、その激動の舞台の最後に山岡鐵舟が待っているのである。

さて、嘉永六（一八五三）年、ついにペリーがやって来る。黒船来航である。幕府としては、できれば避けたかった事態だが、海舟の側から見れば千載一遇の機会といおうか、この時海舟が幕府に提出した「海防意見書」が上層部の目にとまり、世に出るきっかけとなる。

鐵舟が山岡家へ養子に入った安政二（一八五五）年には長崎海軍伝習所に入り、万延元（一八六〇）年には咸臨丸を指揮して太平洋を横断、アメリカ社会を見聞して帰国する。この頃鐵舟は、清川八郎らが結成した虎尾の会に発起人の一人として名を連ねている。文久三（一八六三）年、神戸海軍操練所設立の許可を得た海舟は、そこで坂本龍馬ら脱藩浪士を含む諸藩士の教育にあたる。鐵舟が浅利又七郎に敗れた年である。元治元（一八六四）年、軍艦奉行となるが、その年のうちに免職。慶応二（一八六六）年に復職して幕長戦争を調停に導く。

そして慶応三（一八六七）年の十月に大政奉還となるのだが、同年十二月に王政復古のクーデターがあり、翌年の一月に旧幕府・佐幕派諸藩軍と新政府の倒幕軍（官軍）が鳥羽と伏見で激突、倒幕軍が勝利を収めると、新政府は朝廷からの徳川慶喜追討令を受けて東征軍を江戸へ向けて送り出した。慶喜は恭順の意を示すのだが、新政府軍には届かない。江戸城総攻撃の日が迫る。

この時海舟は、鳥羽・伏見の戦いの敗戦を受けて陸軍総裁を命じられていた。海舟の目指すところは、慶喜の恭順の意を新政府軍に納得してもらい、江戸の町を戦火から守ることにある。そんな海舟が、東征軍の大総督府参謀として西郷隆盛が駿府までやって来ているというニュースを耳にする。旧知の西郷と話がつけられれば、事態は好転するかもしれない。しかし、海舟自身が折衝に赴いて江戸を離れるのはリスクが大きい。くすぶる抗戦派に睨みをきかす必要があるからだ。

そんなぎりぎりの場面になって、同じ幕臣の身でありながら、これまで何の接点もなかった鐵舟が海舟の前に現れるのである。海舟四十六歳、鐵舟は三十三歳であった。そして、鐵舟が駿府の大総督府に単身乗り込み西郷と折衝、いわゆる事前交渉をまとめあげ、江戸薩摩屋敷での海舟と西郷の、つまり双方の軍事責任者同士の会見となるのである。かくて江戸無血開城が実現し、江戸の町は火の海になることを免れたのである。

維新後の海舟は、明治五（一八七二）年に海軍大輔に就き、以後、参議兼海軍卿、元老院議官を務めるも明治八（一八七五）年に依願免官、そののち十年余りを徳川家の後見と旧幕臣の生活救済などにあてながら旧幕府史料を編修し、『海軍歴史』『陸軍歴史』『開国起源』『吹塵録』などにまとめた。ペリー来航以来の開国・開港をめぐる幕府の外交記録である『開国起源』は明治天皇が鐵舟を通して依頼したものと伝えられている。明治二十（一八八七）年、伯爵を授けられ（同年鐵舟には子爵が授けられている）、翌年には枢密顧問官となる。明治三十二（一八九九）年に死去、七十七年の生涯を閉じる。鐵舟に遅れること十一年である。

鐵舟アーカイブズ❺

全生庵は山岡鐵舟によって建立され、鐵舟の墓所もまた全生庵である。ここでは、全生庵と鐵舟に関係する資料として、「全生庵扁額記」と「全生庵本尊葵正観世音由緒」を収める。

【原文】

全生庵扁額記

此扁額《このへんがく》の三大文字《だいもんじ》は。本《も》と隆蘭溪《りゆうらんけい》（鎌倉建長寺開山大覺禪師）の書《しよ》する所《ところ》なり。寛元年中《くわんげんねんちゆう》。（今を去る約六百七十年前）蘭溪宋《らんけいそう》より來航《らいこう》。颶風《ぐふう》に遭《あ》ひ。武州谷中三崎《ぶしうやなかさんさき》に漂着《へうちやく》す。（或は太宰府より鎌倉に到る途中の事ならん歟）一茅舎《いちばうしや》を築《きづ》き。自《みづか》ら題《だい》して全生庵《ぜんしやうあん》と曰《い》ふ。庵《あん》の傍《かたはら》に角谷某《つのやぼう》なる者《もの》あり。蘭溪《らんけい》に親炙《しんしや》す。蘭溪《らんけい》去《さ》るに臨《のぞ》み。先《さき》に題《だい》する所《ところ》の扁額《へんがく》を以《もつ》て之《これ》に附與《ふよ》す。

某《ぼう》受《う》けて而《しか》も珍藏《ちんざう》して子孫《しそん》に傳《つた》ふと云《いふ》。

明治《めいぢ》七年《ねん》。鐵舟居士《てつしうこじ》淀橋驛《よどばしえき》に住《ぢゆう》す。驛《えき》に角谷《つのや》の裔孫《えいそん》あり。彦三郎《ひこさぶらう》と曰《い》ふ。既《すで》に老《お》い。餅菓《へいくわ》を鬻《う》りて以《もつ》て業《げふ》と爲《な》す。廛頭常《てんとうつね》に一《いつ》の古額《こがく》を掲《かゝ》ぐ。筆力遒勁《ひつりよくしうけい》。典雅愛《てんがあい》すべし。居士《こじ》一日公退《じつこうたい》の途次《とじ》。見《み》て以《もつ》て異《い》とす焉《えん》。時《とき》に彦三《ひこさ》の隣人梅五郎《りんじんうめごらう》。居士《こじ》の家《いへ》に出入《しゆつにふ》す。居士偶《こじたまた》ま扁額《へんがく》の事《こと》を語《かた》り深《ふか》く之《これ》を賞賛《しやうさん》す。梅五《うめご》以《もつ》て彦三《ひこさ》に告《つ》ぐ。彦三欣然備《ひこさきんぜんつぶ》さに其來由《そのらいゆ》を述《の》べ。且《か》つ曰《いは》く。世道《せだう》陵夷《りようい》。人情輕菲《にんじやうけいひ》。高僧《かうそう》の名蹟《めいせき》。恐《おそら》くは湮滅《いんめつ》に歸《き》せん。故《ゆゑ》に之《これ》を廛頭《てんとう》に掲《かゝ》げ。其人《そのひと》を待《ま》つて以《もつ》て之《これ》を遺《おく》らんと欲《ほつ》する也《なり》。子幸《しさいはひ》に之《これ》を居士《こじ》に介《かい》せよと。居士辭《こじじ》して受《う》けず。彦三之《ひこさこれ》を強《し》ふ。遂《つひ》に受《う》く焉《えん》。鳴呼《あゝ》。居士《こじ》は眞《しん》に扁額《へんがく》の好知己《かうちき》。蘭溪《らんけい》も亦以《またもつ》て泉下《せんか》に首肯《しゆこう》すべし矣《い》。此《こゝ》に於《おい》て。居士將《こじまさ》に大《おほい》に酬《むく》ゆる所《ところ》あらんとし。其欲《そのほつ》する所《ところ》を問《と》ふ。彦三曰《ひこさいは》く。陋巷《ろうかう》の小人《せうじん》。餅《へい》を鬻《う》りて餘資《よし》あり。唯《た》だ居士《こじ》の手書《しゆしよ》を得《え》て。之《これ》を廛頭《てんとう》に掲《かゝ》げば。即《すなは》ち吾願《わがねがひ》足《た》る耳《のみ》と。居士益《こじますま》す之《これ》を奇《き》とし。輙《すなは》ち揮毫《きがう》して以《もつ》て之《これ》を與《あた》ふ。爾來扁額《じらいへんがく》を書齋《しよさい》に掲《かゝ》げ。因《より》て其齋《そのさい》に名《なつ》く。或人曰《あるひといは》く。其《その》書《しよ》を愛《あい》するは則《すなは》ち可《か》なり。其齋《そのさい》に名《なつ》くるは則《すなは》ち不可《ふか》なりと。居士曰《こじいは》く。以《もつ》て死《し》すべくして而《しかう》して死《し》し。以《もつ》て生《い》くべくして而《しかう》して生《い》く。之《これ》を全生《ぜんしやう》と謂《い》ふ。豈徒《あにいたづ》らに瓦全《ぐわぜん》を之《こ》れ謂《い》はん耶《や》と。十三年《ねん》。居士國泰寺越叟《こじこくたいじゑつそう》（富山縣氷見郡太田村國泰寺五十四世越叟禪師）と。一宇《いちう》を谷中三崎《やなかさんさき》國泰子院《こくたいしゐん》の地《ち》に創立《さうりつ》し。隣地《りんち》を購入《こうにふ》して。乃《すなは》ち其附近一帯《そのふきんいつたい》本《も》と角谷《つのや》氏に屬《ぞく》することを知《し》る。

居士《こじ》愈《いよい》よ其奇縁《そのきえん》に感《かん》じ。十八年《ねん》。扁額《へんがく》を堂内《だうない》に移《うつ》して以《もつ》て寺號《じがう》と爲《な》す。後又自《のちまたみづか》ら三大字《だいじ》を書《しよ》して之《これ》を堂外《だうぐわい》に掲《かゝ》ぐ。兩々相映《りやう〱あいえい》じて一雙《いつさう》の美觀《びくわん》たり。二十七年《ねん》。本寺災《ほんじさい》に罹《かゝ》り二額併《にがくあは》せて灰《くわい》燼《じん》に歸《き》す（不肖）牧田乏《ぼくでんばふ》を住持《ぢゆうぢ》に受《う》け。慨歎措《がいたんお》く能《あた》はず。遂《つひ》に居士《こじ》の未亡人《びばうじん》を介《かい》し。小松宮《こまつのみや》親王《しんわう》に此《この》三大字《だいじ》を書《しよ》せられんことを請《こ》ひ。以《もつ》て木《き》に刻《きざ》み。之《これ》を再建本堂《さいこんほんだう》に掲《かゝ》げ。其來由《そのらいゆ》を記《き》して後人《こうじん》に示《しめ》すと云《いふ》。

【現代語訳】

全生庵扁額記

この扁額の三大文字は、もともとは蘭渓道隆《らんけいどうりゅう》（鎌倉建長寺開山大覚禅師）の書いたものである。寛元年中（今を去ること約六百七十年前）、蘭渓道隆は宋より来航するも台風に遭い、武州谷中三崎に漂着した（あるいは、太宰府より鎌倉に至る途中のことかもしれない）。茅葺の家を造り、全生庵と名付け、自ら筆をとって題した。庵の近くに角谷某という者がいて、蘭渓に親炙したところ、蘭渓は去るにあたって、先に題した扁額をこの角谷某に与えた。受けた角谷某は、珍蔵して子孫に伝えたという。明治七年、鐵舟居士は淀橋の地に住んでいたが、そこに角谷の遠い子孫がいた。彦三郎という。すでに老い、餅菓子屋を生業としていたが、店頭にいつも一つの古額を掲げていた。筆力は強く、その典雅は愛すべきものである。居士は朝夕、出仕の途次、それを見ては不思議でならなかった。時に、彦三郎の隣人である梅五郎が居士の家に出入りしていた。居士はたまたま扁額のことを語り、その額を深く称賛した。梅五郎はその話を彦三郎に告げる。彦三郎は喜色を浮かべて詳しくその由来を述べ、更に、「世の中の人倫の道は次第に衰え、人の情けは薄っぺらになる。高僧の名蹟もおそらくはあとかたもなく消えてしまうだろう。だからこそこれを店頭に掲げ、それに足る人を待って、これを贈ろうと思っていたのである。鐵舟先生の目にとまったなら幸い、どうかあなたを介してその旨を伝えてほしい」と語った。居士は辞退して受けようとはしなかったのだが、彦三郎のたっての願いということで、ついに受ける。ああ、居士はまことに扁額のよき理解者である。蘭渓もまた泉下にてうなずかれるに違いない。ここにおいて居士は、何らかの形でお返しをせねばならないと、彦三郎の求めるところを問う。彦三郎は「わたしは陋巷の小人に過ぎません。餅を売って商いをし、余財もあります。ただ、居士の手書を得て、これを店頭に掲げることとなれば、それで十分です」と言う。居士はますますもって奇特なことと感じ、早速揮毫して彦三郎に与えた。それ以後、居士はその扁額を書斎に掲げ、その書斎の号とした。ある人が「その書を愛するのはいいことだが、書斎の号とするのはいかがなものか」と言ったことに対して居士は、「死ぬべくして死に、生きるべくして生きる、これを全生というのだ。どうして何をするでもなく、いたずらに生き長らえていることをいうことがあろうか」と答えたのであった。明治十三年、居士は国泰寺の越叟（富山県氷見郡太田村国泰寺五十四世越叟禅師）と一寺を谷中三崎の国泰寺派子院のあったところに建て、続いて隣地を購入したところ、その付近一帯がもとは角谷氏の土地であったことを知る。居士はいよいよその奇縁に感じ入り、明治十八年、扁額を堂内に移して寺号とした。のちになって、自らも「全生庵」の三大字を書し、こちらは堂外に掲げた。二つながらに相まって一双の美観を映じていた。明治二十七年、本寺罹災に及び、二つの額とも灰燼に帰すこととなった。適任者がいないため、この不肖牧田が住持を引き受けたが、慨嘆に堪えず、ついに居士の未亡人を介して、小松宮親王にこの三大字を書していただくことをお願いした。そして木に刻み、これをもって再建のなった本堂に掲げ、その由来を記して後人に示す次第である。

【原文】

全生庵本尊葵正観世音由緒

葵正観世音《あふひしやうくわんぜおん》は。南天竺《なんてんぢく》毘首羯磨《びしゆかつま》の作《さく》にして。欽明帝《きんめいてい》の朝《てう》西天《さいてん》より傳《つた》ふる所《ところ》の靈像《れいぞう》なり。爾來《じらい》轉旋《てんせん》して鎌倉《かまくら》右大将《うだいしやう》及《および》室町《むろまち》氏《し》に傳《つた》へ。代々《だい〱》の将軍《しやうぐん》深《ふか》く尊崇《そんそう》を加《くは》ふ。後《のち》日向《ひうが》の大慈寺《だいじじ》に留《とど》まり。又《また》洛《らく》の東福寺《とうふくじ》支院《しゐん》長慶寺《ちやうけいじ》に在《あ》りたり。我《わが》東照宮《とうせうぐう》崇敬《そうけい》最《もつと》も厚《あつ》く。竟《つひ》に之《これ》を江戸城《えどじやう》に遷《うつ》し。毎月《まいげつ》十八日《にち》観音《くわんおん》懺法《せんぼふ》を修行《しゆぎやう》して。天下《てんか》泰平《たいへい》を祈願《きぐわん》し。殊《こと》に徽號《きがう》葵《あふひ》の字《じ》を以《もつ》て冠《くわん》せらる。慶安《けいあん》二年《ねん》天壽院殿《てんじゆゐんでん》。普門山《ふもんざん》大慈寺《だいじ》を大塚上街《おほつかかみまち》に建立《こんりふ》し。刑部卿《ぎやうぶきやう》の局《つぼね》を以《もつ》て之《これ》が開基《かいき》と爲《な》し。香花《かうげ》久《ひさ》しく薫《くん》ず。然《しか》るに維新《ゐしん》の際《さい》廢寺《はいじ》と爲《な》る。故《ゆゑ》に之《これ》を余《よ》の家《いへ》に奉迎《ほうげい》して供養《くやう》懈《おこ》たらず。明治《めいぢ》十六年《ねん》一月《ぐわつ》。一宇《いちう》を北豊島郡《きたとしまごほり》谷中村《やなかむら》に創草《さう〱》し。普門山全生庵《ふもんざんぜんしやうあん》と號《がう》す。乃《すなは》ち葵正観世音《あふひしやうくわんぜおん》を安置《あんち》し。其《その》來由《らいゆ》を概擧《がいきよ》して後《のち》の渇仰者《かつがうしや》に告《つ》ぐ。

明治十六年五月

正四位　山岡鐵太郎誌

【現代語訳】

全生庵本尊葵正観世音由緒

葵正観世音は、南天竺（五天竺の一つで、南方インド）の毘首羯磨の作で、欽明天皇の時に西方にある天竺より伝わった霊像である。以来、めぐりまわって鎌倉右大将及び室町氏に伝わり、代々の将軍が深く尊崇するところとなる。のちには日向の大慈寺に留まり、また都の東福寺の支院長慶寺にあった。我が東照宮（徳川家康）の崇敬はこの上なく篤く、ついにこれを江戸城に移し、毎月十八日には観音懺法（観世音菩薩を本尊として行う、懺悔の法）を修行して天下泰平を祈願し、とりわけ旗印である葵の、その一字を冠される。慶安二年、天壽院殿が普門山大慈寺を大塚上街に建立し、刑部卿の局をもって開基となし、香華が久しく薫ることとなった。しかしながら、維新の際に廃寺となる。そこで私の家に迎え入れ、怠ることなく供養した。明治十六年一月、一寺を北豊島郡谷中村に草創、普門山全生庵と号したが、すぐに葵正観世音を安置し、その由来の概ねを示して後の渇仰者に告げる次第である。

明治十六年五月　　　　正四位　山岡鐵太郎　誌

❖年表

西暦	年号	年齢	鐵舟関係	日本史年表
一八三六	天保七年	一歳	六月十日、御蔵奉行小野朝右衛門高福の四男として江戸に生まれる。	
一八三七	天保八年	二歳		大塩平八郎の乱
一八三八	天保九年	三歳		
一八三九	天保十年	四歳		
一八四〇	天保十一年	五歳		
一八四一	天保十二年	六歳		天保の改革始まる
一八四二	天保十三年	七歳		
一八四三	天保十四年	八歳		天保の改革終わる
一八四四	弘化元年	九歳	久須美閑適斎について真影流を学ぶ。	
一八四五	弘化二年	一〇歳	七月一日、父高福、飛驒高山郡代に転任、鐵舟、父母に同行する。	
一八四六	弘化三年	一一歳		
一八四七	弘化四年	一二歳		
一八四八	嘉永元年	一三歳		
一八四九	嘉永二年	一四歳		英船、浦賀に来航
一八五〇	嘉永三年	一五歳	書道の師、岩佐一亭より入木道五十二世を譲られ、一楽斎と号す。	
一八五一	嘉永四年	一六歳	九月二十五日、母磯、高山陣屋で病没す。	

一八五二	嘉永五年	一七歳	十二月、父の招請により、北辰一刀流井上清虎、高山に到着。 二月二十七日、父高福、高山陣屋で病没。 七月二十九日、五人の弟を連れて、江戸に帰着。	
一八五三	嘉永六年	一八歳		米使ペリー浦賀に来航
一八五四	安政元年	一九歳	山岡静山に槍術を学ぶ。	日米和親条約
一八五五	安政二年	二〇歳	静山急死のあと、山岡家の養子となり、静山の妹英子と結婚。	
一八五六	安政三年	二一歳	講武所世話役となる。	
一八五七	安政四年	二二歳		
一八五八	安政五年	二三歳		安政の大獄
一八五九	安政六年	二四歳		
一八六〇	万延元年	二五歳	この頃、清川八郎が結成した虎尾の会に発起人の一人として参加。	桜田門外の変
一八六一	文久元年	二六歳		
一八六二	文久二年	二七歳	浪士取締役となる。	
一八六三	文久三年	二八歳	将軍家茂の先供として浪士組を率いて上洛も、間もなく江戸に帰る。 浅利又七郎に剣を学ぶ。	将軍徳川家茂上洛
一八六四	元治元年	二九歳		七月、蛤御門の変 八月、長州征討
一八六五	慶応元年	三〇歳		

一八六六	慶応二年	三一歳		七月、将軍家茂没
一八六七	慶応三年	三二歳		十月、大政奉還 十二月、王政復古の大号令
一八六八	慶応四年 明治元年	三三歳	三月、慶喜の命を受け、東征軍大参謀西郷隆盛と静岡で会見、徳川家の安泰を約す。	戊辰戦争 神仏分離令 廃仏毀釈運動起こる
一八六九	明治二年	三四歳	静岡藩権大参事に任ぜられる。	版籍奉還
一八七〇	明治三年	三五歳		
一八七一	明治四年	三六歳	十一月、茨城県参事となる。 十二月、伊万里県権令となる。	廃藩置県
一八七二	明治五年	三七歳	六月、明治天皇侍従となる。 三島龍沢寺の星定和尚について参禅する。	
一八七三	明治六年	三八歳	五月、皇居炎上、淀橋の邸より駆けつける。 宮内少丞に任ぜられる。	征韓論敗れ西郷隆盛、板垣退助ら下野
一八七四	明治七年	三九歳	三月、西郷説得のため、内勅を奉じ九州に差遣される。	
一八七五	明治八年	四〇歳	宮内大丞となる。	
一八七六	明治九年	四一歳		
一八七七	明治十年	四二歳		西南の役

一八七八	明治十一年	四三歳	八月、竹橋騒動に御座所を守護。 明治天皇の、北陸、東海地方ご巡幸に供奉する。 越中、国泰寺越叟和尚と相識る。	大久保利通暗殺
一八七九	明治十二年	四四歳		
一八八〇	明治十三年	四五歳	三月三十日、払暁大悟徹底、滴水和尚の印可を受ける。 剣の道も無敵の極処に達し、無刀流を開く。	
一八八一	明治十四年	四六歳		
一八八二	明治十五年	四七歳	三月、「西郷隆盛との應接の記」を書く。 六月、宮内省を辞任、されど恩命により、宮内省御用掛となる。	
一八八三	明治十六年	四八歳	普門山全生庵を谷中に建立。 清水に久能寺（鐵舟寺）の建立を発願。	
一八八四	明治十七年	四九歳	五月、白隠禅師の国師号宣下に尽力。	
一八八五	明治十八年	五〇歳		
一八八六	明治十九年	五一歳		
一八八七	明治二十年	五二歳	五月、華族に列せられ、子爵を授けられる。	
一八八八	明治二十一年	五三歳	七月十九日、午前九時十五分、坐禅のまま大往生を遂ぐ。 七月二十二日、谷中全生庵に埋葬される。	

臨済宗国泰寺派 **全生庵**

東京都台東区谷中5-4-7　TEL 03-3821-4715
URL:http://www.theway.jp/zen/

全生庵は、山岡鐵舟が幕末・明治維新の際、
国事に殉じた人々の菩提を弔うために、
明治十六年に建立した。
本尊は、かつて江戸城の
守本尊であった葵正観世音菩薩。
墓所には鐵舟の墓のほかに、彼の因縁から、
国士の荒尾精、山田良政、
石油開発者の石坂周造らが眠る。
明治の落語名人三遊亭圓朝の墓もあり、
毎年八月には、同庵で圓朝まつりと
奉納落語が行われる。
また、円朝遺愛の幽霊画五十幅を
所蔵することから、
同庵は「幽霊画の寺」としても知られる。

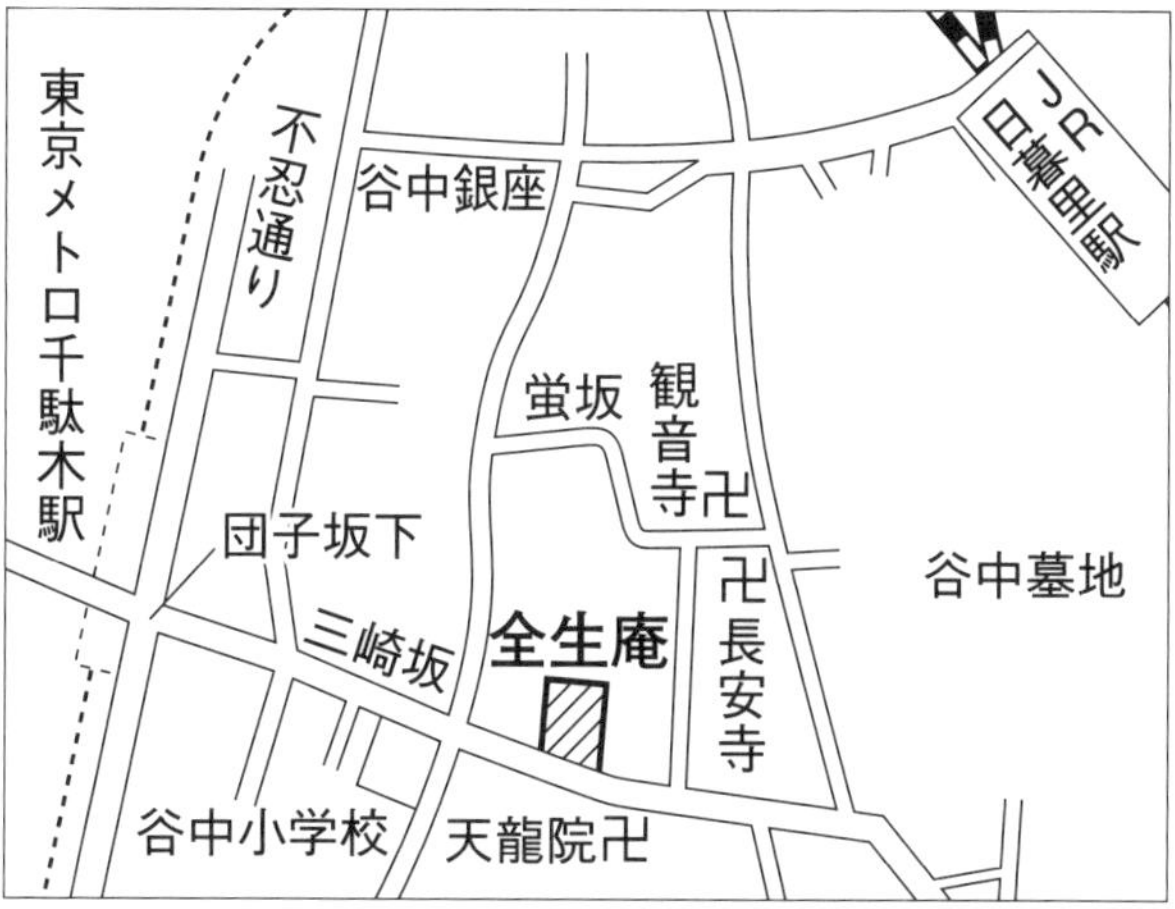

東京メトロ千代田線「千駄木駅」団子坂下出口より徒歩5分　JR線「日暮里駅」より徒歩15分

参考文献

『幕末三舟伝』頭山満（島津書房）
『山岡鉄舟』大森曹玄（春秋社）
『山岡鉄舟に学ぶ人間の器　敵も味方も惚れ込む人望力』鈴村進（大和出版）
『鉄舟随感録』安部正人編・山岡鉄舟筆記（国書刊行会）
『山岡鉄舟　幕末・維新の仕事人』佐藤寛（光文社）
『山岡鉄舟の武士道』勝部真長編（角川書店）
『山岡鉄舟　剣禅話』高野澄編訳（たちばな出版）
『新版三遊亭円朝』永井啓夫（青蛙房）
『清水次郎長と明治維新』田口英爾（新人物往来社）
『西郷南洲遺訓』山田済斎編（岩波書店）
『史伝　西郷隆盛と山岡鉄舟―日本人の武士道―』原園光憲（柏書房）
『日本人名大辞典』（講談社）
『日本史事典』（平凡社）

デザイン　明松デザイン室（明松 聡・里見高章・中村恵美利）
現代語訳　藏本泰夫
編集・制作　株式会社スリーシーズン（松本兼二・堀内直哉）
編集協力　大道寺ちはる
DTP　株式会社明昌堂

最後のサムライ　山岡鐵舟

二〇〇七年九月十日　初版第一刷発行
二〇二〇年八月十三日　初版第七刷発行

編者
全生庵三世　圓山牧田
全生庵七世　平井正修

発行者
阿部黄瀬

発行所
株式会社教育評論社
〒一〇三―〇〇〇一
東京都中央区日本橋小伝馬町十二―五YSビル
TEL　〇三―三六六四―五八五一
FAX　〇三―三六六四―五八一六
http://www.kyohyo.co.jp/

印刷製本
萩原印刷株式会社

ISBN 978-4-905706-21-2
定価はカバーに表示してあります。
落丁・乱丁本は弊社負担でお取り替えいたします。